高等职业教育财经商贸类专业"互联网+"创新教材

网店美工项目实战教程

主　编　徐赛华　张　翔
副主编　方　蓉　周红晓　宗红艳
参　编　胡昕熠　吴　军　朱杨振　李振华

本书由9个项目组成，分别为网店美工基础、网店素材创建与编辑、网店素材优化与美化、网店素材创意与融合、钻展图策划与制作、产品主图策划与制作、产品详情页策划与制作、网店首页策划与制作、移动端页面策划与制作。通过项目1~项目4的学习，让学生了解网店美工岗位职责、任职要求，具备岗位必备的道德素养、信息素养与美学素养，掌握素材的创建与编辑、优化与美化、创意与融合的技能，为后续项目实战奠定基础；项目5~项目9以用户体验为切入口，分别以鼠标产品、中考计数跳绳、棉麻女装、母婴产品为项目载体，通过项目基础、策划、实施、上线测试运行的流程主线，通过钻展图、产品主图、产品详情页、网店首页、移动端页面等项目实战，训练与培养学生的用户体验思维、信息思维、系统思维、伦理思维与美学思维，强化学生商业、技术与人文交互融合的能力，提升学生电商项目实战的综合职业素养。

本书实操项目均配有微课教学资源（扫描二维码即可观看），使学生能够更主动地基于项目和实际工作任务进行学习，同时方便教师采用"翻转课堂""混合式教学"的方式进行教学。

本书内容安排遵循学生认知规律，各项目内容循序推进，实用性和实战性强，适合高职院校电子商务、数字媒体、计算机技术、艺术设计等相关专业教学，也适合电商平台从业人员、网店美工岗位人员自学参考，还可供电商培训机构选用。

图书在版编目（CIP）数据

网店美工项目实战教程/徐赛华，张翔主编. —北京：机械工业出版社，2022.6（2025.2重印）
高等职业教育财经商贸类专业"互联网+"创新教材
ISBN 978-7-111-70480-5

Ⅰ．①网… Ⅱ．①徐… ②张… Ⅲ．①网店-设计-高等职业教育-教材 Ⅳ．①F713.361.2

中国版本图书馆CIP数据核字（2022）第062192号

机械工业出版社（北京市百万庄大街22号 邮政编码100037）
策划编辑：孔文梅　　　　　责任编辑：孔文梅　董宇佳
责任校对：薄萌钰　王　延　封面设计：鞠　杨
责任印制：郜　敏
中煤（北京）印务有限公司印刷
2025年2月第1版第3次印刷
184mm×260mm・13印张・288千字
标准书号：ISBN 978-7-111-70480-5
定价：59.00元

电话服务　　　　　　　　　　网络服务
客服电话：010-88361066　　　机　工　官　网：www.cmpbook.com
　　　　　010-88379833　　　机　工　官　博：weibo.com/cmp1952
　　　　　010-68326294　　　金　书　网：www.golden-book.com
封底无防伪标均为盗版　　　机工教育服务网：www.cmpedu.com

前言

现如今，电子商务从成长走向成熟，经济发展正迈向以信息生产、信息服务为主的新经济发展时期。网店美工是电子商务行业信息化生产、信息化服务的主力军，技能熟练度与信息素养决定了队伍的生命力与战斗力，影响着电子商务领域的信息化服务水准和终端体验，关乎国计民生。网店美工作为电子商务基层服务力量，在用户体验、企业需求、行业生态、社会发展诸多层面都面临着新时期的培养目标，增强信息综合素养、道德素养、法律素养、人文美学素养是新经济发展时期电子商务信息服务基层队伍培养面临的新任务。

本书是浙江省社科联科普课题（编号13ND11）、浙江省教育厅课题（编号Y201326813）、全国信息技术课题（编号136241124）系列研究成果之一，编写的初衷是为满足电商行业人才需求、院校人才培养升级需求。作为基于网店美工岗位需求而开发的校企合作教材，本书针对新时期电子商务信息服务基层队伍培养的新需求，将企业实际运营的项目改编成教学项目。通过项目驱动，提供大量落地案例，融入各级素养培育，充分体现"做中学""学中做""做中成长"的教学理念，为培养技能精湛的新商科人才提供资源保障，为培养学生精益求精的新时代工匠精神、激发学生科技报国的家国情怀和使命担当奠定基础。

本书由9个项目组成，分别为网店美工基础、网店素材创建与编辑、网店素材优化与美化、网店素材创意与融合、钻展图策划与制作、产品主图策划与制作、产品详情页策划与制作、网店首页策划与制作、移动端页面策划与制作。通过项目1～项目4的学习，让学生了解网店美工岗位职责、任职要求，具备岗位必备的道德素养、信息素养与美学素养，掌握素材的创建与编辑、优化与美化、创意与融合的技术与能力，为后续项目实战奠定基础；项目5～项目9以用户体验为切入口，分别以鼠标产品、中考计数跳绳、棉麻女装、母婴产品为项目载体，通过项目基础、策划、实施、上线测试运行的流程主线，通过钻展图、产品主图、产品详情页、网店首页、移动端页面的项目实战，训练与培养学生的用户体验思维、信息思维、系统思维、伦理思维与美学思维，强化学生商业、技术与人文交互融合的能力，提升学生电商项目实战的综合职业素养。

本书的编写具有如下特点：

1. 多元化主编团队

主编团队拥有20多年的一线教学经验，以及多年专业、创业经历。

2. 电商企业全程参与，校企合作共同编写

与浙江甄优智能科技有限公司、金华行乐韩文化传播有限公司、永康市索维贸易有限公司、苏州西缺棉麻偏执者公司等企业的设计总监对接生产过程、制订人才培养方案、解构实际工作项目，进行教学化项目改编，深化校企协同育人理念。

3. 基于真实岗位典型应用，精选教学内容

本书根据电商企业美工岗位典型工作任务编写而成，内容涵盖领域典型综合运用、实战任务。

4. 实战训练多维化，训练项目循序渐进

训练项目有调研分析、创意图绘制、主题图创作、短视频创作等，采用"改进训练——同步训练——拓展训练——理论测试"多维度训练模式，逐步培养学生创新创业能力和综合职业素养。

5. 校企联手，共建共享立体化实用型资源库

本书配套资料有课程大纲、教学课件、素材、效果图、理论测试、习题参考答案等，每个实操项目均配有微课教学资源（扫描二维码即可观看），本课程建议总学时为64～72学时，可以安排2～3周项目实训。具体资源如下：

教师用数字资源有教学大纲、授课计划、可编辑配套教学PPT、教学简案。

学生用数字资源有微课、项目配套素材、效果图、调研报告模板、理论题参考答案。

6. 在线开放课程，方便实施混合式教学

登录浙江省高等学校在线开放课程共享平台（www.zjooc.cn），搜索关键词"网店广告图策划与制作"即可加入当期课程。教师可发布主题讨论、课件、微课、阶段性作业、测验、考试、拓展资源等，方便开展混合式教学。

7. 深耕职业素养，有效提升课程育人质量

本书以职场小贴士、素养小贴士等方式融入了新时代工匠精神、科学精神、信息素养、道德素养、法律素养、人文美学素养等元素，与思政教育课程同向同行，形成科学协同育人机制。

本书目录初稿由徐赛华、张翔、宗红艳确定，最终目录由徐赛华、张翔确定。方蓉、周红晓参与了项目二、项目三的三级目录讨论、素材采集与案例编写；胡昕熠、吴军、朱杨振参与了项目四素材的采集与案例编写；李振华参与了项目五～项目九的目录初稿讨论。教材整体由徐赛华、张翔共同完成。

感谢金华市美晨商贸有限公司、杭州赢鼎电子商务有限公司、杭州唯梦文化创意有限公司、金华行乐韩文化传播有限公司、永康市索维贸易有限公司、浙江华丽达塑料制品有限公司、浙江甄优智能科技有限公司、苏州西缺棉麻偏执者服装店、义乌晡宝母婴旗舰店等企业有关人员为本书编写提供建议与素材。感谢金华职业技术学院朱静、胡华江、单天德、陈兴威、方晓华、李凡、卢世通、黄月妹、王有铭，浙江建设职业技术学院卢允伟等对项目的支持与帮助。感谢金华职业技术学院毕业生王方媛、王佳鹏、曹海帆、刘奕奕、王利剑、庞文博、刘根水等对项目的支持与帮助；感谢参与教学微课视频录制人员。

本书编写过程中引用了淘宝、天猫、京东平台、淘宝论坛等网站资料与数据，在此向所有平台和创作者表示诚挚的感谢。

由于编者时间和精力有限，书中难免存在疏漏之处，恳请各位专家、读者提出宝贵意见与建议，编者联系方式为393454759@qq.com、369044515@qq.com。

本书配有电子课件、授课计划、教学大纲、教学简案、项目配套素材、效果图、调研报告模板、参考答案等教学资源。凡使用本书作为教材的教师均可登录机械工业出版社教育服务网www.cmpedu.com注册下载。咨询电话：010-88379375，服务QQ：945379158。

编　者

二维码索引

序号	二维码	页码	序号	二维码	页码	序号	二维码	页码	序号	二维码	页码
1	固定尺寸裁剪主图素材	30	8	店铺标题栏绘制	39	15	显示屏与"百年辉煌"海报合成	49	22	污点修复画笔工具-消除星污点	54
2	透视变形液晶显示器	32	9	黄橙渐变背景创建	40	16	兰花与器形素材融合	51	23	修补工具-消除毛绒玩偶	54
3	校正倾斜戒指素材	33	10	书包素材图文本擦除	40	17	更新文具用品图	51	24	修复画笔工具-消除飞鸟	54
4	制作墨镜素材切片	33	11	墨镜素材透明背景设置	41	18	合成冰激凌机宣传图	51	25	红眼工具-消除红眼	55
5	浅绿主图背景创建	38	12	粉色旅行包背景抠除	41	19	童话书融入卡通背景	52	26	仿制图章工具-消除长颈鹿布偶	56
6	抽象海报背景绘制	38	13	植物盆景图光影效果调整-锐化模糊	41	20	积木素材图背景替换颜色	52	27	内容识别技术-消除香水瓶污点	56
7	蓝天白云场景绘制	39	14	植物盆景图光影效果调整-减淡加深	42	21	汽车电子狗素材图更换新背景	52	28	液化技术-修复卡通人物造型	57

（续）

序号	二维码	页码	序号	二维码	页码	序号	二维码	页码	序号	二维码	页码
29	调整色相/饱和度	57	37	替换颜色	61	45	创建沿路径文本-菊花茶宣传图	68	53	荷花兔子创意图制作	81
30	调整色彩平衡	58	38	可选颜色	61	46	创建变形文本-益智玩具图	69	54	星空平衡车融合图制作	82
31	调整黑白效果	58	39	调整亮度/对比度	62	47	创建渐变文本-多肉广告图	69	55	毛笔字与帆布包合成图制作	83
32	调整照片滤镜	59	40	应用"色阶"命令调整局部明暗	64	48	制作特效按钮	79	56	钻展图制作	94
33	应用通道混合器	59	41	应用"曲线"命令调整通道明暗	65	49	制作半透明水印	79	57	质感主图制作	111
34	调整HDR色调	59	42	应用"曝光度"命令修正光线	65	50	应用图层样式制作边框	80	58	细节主图制作	112
35	变化色彩	60	43	创建横排文本-箱包宣传页	68	51	应用选区制作边框	80	59	赠品主图制作	113
36	去色	60	44	创建直排文本-茶具广告图	68	52	饮料广告图合成	81	60	附件主图制作	113

（续）

序号	二维码	页码	序号	二维码	页码	序号	二维码	页码	序号	二维码	页码
61	模特示范主图制作	114	69	模特展示	133	77	产品资质保证	138	85	活动海报图制作	157
62	卖点主图制作	114	70	无绳跳绳更方便	134	78	15天无理由退换货	138	86	橱窗主题	157
63	运动会活动海报制作	130	71	无绳跳绳随时可跳	134	79	跳绳训练方法	139	87	橱窗海报-新款棉麻T恤陈列	158
64	主形象海报制作	131	72	倒计时1分钟功能	135	80	跳绳训练注意事项	139	88	橱窗海报-新款棉麻衬衣陈列	159
65	产品优势1-精准计数	131	73	产品细节1-精确电磁感应	135	81	运动美学 选你所爱	140	89	优惠券制作	160
66	产品优势2-无线有线自如切换	132	74	产品细节2-高清显示屏	136	82	热销推荐	140	90	客服互动区制作	160
67	产品参数展示	132	75	产品细节3-防滑手柄	137	83	分类导航	141	91	导航区制作	160
68	有线无线产品展示	133	76	产品细节4-加重设计	137	84	店招区制作	156	92	创意陈列区制作	161

（续）

序号	二维码	页码	序号	二维码	页码	序号	二维码	页码	序号	二维码	页码
93	分类导航区制作	161	100	轮播图三	176	107	用户痛点	184	114	手柄细节	187
94	星空之上产品陈列	162	101	优惠券专区	176	108	痛点解决	184	115	刻度细节	187
95	人气新品陈列	163	102	分类导航专区	177	109	功能设计	185	116	瓶底细节	188
96	进店必选产品陈列	163	103	爆款专区	177	110	产品参数	185	117	产品特点	188
97	页尾制作	164	104	新品专区	178	111	吸管细节外视图	186	118	多色展示	189
98	轮播图一	176	105	配件专区	178	112	吸管细节内视图	186	119	公司介绍	189
99	轮播图二	176	106	总卖点图	183	113	握把细节	187			

目录 Contents

前言

二维码索引

▶项目1　网店美工基础 1

  1.1　认识岗位 2
    1.1.1　岗位调研 3
    1.1.2　绩效考核 5
  1.2　营销美学 6
    1.2.1　视觉流程 6
    1.2.2　经典构图 8
    1.2.3　色彩搭配 10
    1.2.4　文字编排 14
  1.3　常用技能 16
    1.3.1　图像处理常用工具 17
    1.3.2　网页编辑常用工具 17
    1.3.3　视频处理常用工具 17
  项目小结 18
  同步训练 18
  项目评价 19
  拓展训练 19
  理论测试 21

▶项目2　网店素材创建与编辑 23

  2.1　认识图形图像 24
    2.1.1　专业术语 24
    2.1.2　文件格式 24
    2.1.3　Photoshop基础操作 25
  2.2　图片裁剪与切片 30
    2.2.1　主图素材的固定尺寸裁剪 30
    2.2.2　主图素材的透视变形 31
    2.2.3　主图素材的倾斜校正 32
    2.2.4　详情素材的切片制作 33
  2.3　图像绘制与修饰 35
    2.3.1　浅绿主图背景创建 38

        2.3.2 抽象海报背景绘制 38
        2.3.3 蓝天白云场景绘制 39
        2.3.4 店铺标题栏绘制 39
        2.3.5 黄橙渐变背景创建 40
        2.3.6 书包素材图文本擦除 40
        2.3.7 墨镜素材透明背景设置 40
        2.3.8 粉色旅行包背景抠除 41
        2.3.9 植物盆景图光影效果调整 41
  项目评价 42
  项目小结 42
  同步训练 43
  拓展训练 43
  理论测试 44

▶项目3 网店素材优化与美化 45
  3.1 抠图处理 46
      3.1.1 矩形选框工具——选区变形融合 49
      3.1.2 套索工具——素材元素融合 51
      3.1.3 多边形套索工具——素材元素复用 51
      3.1.4 磁性套索工具——前景背景合成 51
      3.1.5 魔棒工具——前景背景合成 52
      3.1.6 快速选择工具——背景颜色替换 52
      3.1.7 钢笔工具——更换新背景 52
  3.2 图像修复 53
      3.2.1 污点修复画笔工具——消除星污点 53
      3.2.2 修补工具——消除毛绒玩偶 54
      3.2.3 修复画笔工具——消除飞鸟 54
      3.2.4 红眼工具——消除红眼 55
      3.2.5 仿制图章工具——消除长颈鹿布偶 56
      3.2.6 内容识别技术——消除香水瓶污点 56
      3.2.7 液化技术——修复卡通人物造型 56
  3.3 色彩调整 57
      3.3.1 调整色相/饱和度 57
      3.3.2 调整色彩平衡 58
      3.3.3 调整黑白效果 58
      3.3.4 调整照片滤镜 59
      3.3.5 应用通道混合器 59

3.3.6 调整HDR色调 59
3.3.7 变化色彩 60
3.3.8 去色 60
3.3.9 替换颜色 61
3.3.10 可选颜色 61
3.4 明暗调整 62
3.4.1 认识直方图 62
3.4.2 调整亮度/对比度 62
3.4.3 应用"色阶"命令调整局部明暗 63
3.4.4 应用"曲线"命令调整通道明暗 64
3.4.5 应用"曝光度"命令修正光线 65
3.5 文字编排 65
3.5.1 创建横排文本——箱包宣传页 68
3.5.2 创建直排文本——茶具广告图 68
3.5.3 创建沿路径文本——菊花茶宣传图 68
3.5.4 创建变形文本——益智玩具图 69
3.5.5 创建渐变文本——多肉广告图 69
项目评价 69
项目小结 70
同步训练 70
拓展训练 70
理论测试 71

▶ 项目4 网店素材创意与融合 73

4.1 图层技术及应用 74
4.1.1 认识图层 74
4.1.2 图层面板 74
4.1.3 图层基本操作 75
4.1.4 制作特效按钮 79
4.1.5 制作半透明水印 79
4.1.6 添加图片边框 79
4.2 蒙版技术及应用 80
4.2.1 认识蒙版 80
4.2.2 饮料广告图合成 81
4.2.3 荷花兔子创意图制作 81
4.2.4 星空平衡车融合图制作 82
4.3 通道技术及应用 82
4.3.1 认识通道 82

| 4.3.2　毛笔字与帆布包合成图制作 83
项目评价 83
项目小结 83
同步训练 83
拓展训练 84
理论测试 85

▶项目5　钻展图策划与制作 87

5.1　项目基础 88
    5.1.1　认识钻展 88
    5.1.2　营销信息设计 90
5.2　项目策划 91
    5.2.1　活动产品背景 91
    5.2.2　产品卖点提取 92
    5.2.3　创意策划设计 92
5.3　项目实施 93
    5.3.1　素材采集 93
    5.3.2　信息分层 94
    5.3.3　项目实战 94
5.4　测试保存 96
项目评价 96
项目小结 96
改进训练 96
同步训练 97
拓展训练 97
理论测试 98

▶项目6　产品主图策划与制作 99

6.1　项目基础 100
6.2　项目策划 102
    6.2.1　策划流程 102
    6.2.2　信息分层 102
    6.2.3　设计原则 103
    6.2.4　场景策划 103
    6.2.5　视觉策划 104
6.3　项目实施 105
    6.3.1　素材采集 105
    6.3.2　项目实战 106

6.4 项目上传 ... 114
项目评价 ... 115
项目小结 ... 115
改进训练 ... 115
同步训练 ... 116
拓展训练 ... 117
理论测试 ... 118

▶项目7 产品详情页策划与制作 ... 119

7.1 项目基础 ... 120
7.2 项目策划 ... 120
   7.2.1 产品卖点设计 ... 121
   7.2.2 逻辑结构设计 ... 122
   7.2.3 内容详情策划 ... 124
7.3 项目实施 ... 130
   7.3.1 海报图制作 ... 130
   7.3.2 卖点图制作 ... 131
   7.3.3 展示图制作 ... 132
   7.3.4 功能图制作 ... 134
   7.3.5 细节图制作 ... 135
   7.3.6 资质图制作 ... 137
   7.3.7 服务图制作 ... 138
   7.3.8 链接区制作 ... 140
7.4 项目上传 ... 141
项目评价 ... 143
项目小结 ... 143
改进训练 ... 143
同步训练 ... 144
拓展训练 ... 144
理论测试 ... 145

▶项目8 网店首页策划与制作 ... 147

8.1 项目基础 ... 148
8.2 项目策划 ... 148
   8.2.1 首页模块选取 ... 148
   8.2.2 首页结构规划 ... 149
   8.2.3 首页风格定位 ... 152
   8.2.4 产品陈列设计 ... 153

8.3 项目实施 154
8.3.1 店招区制作 156
8.3.2 活动海报图制作 157
8.3.3 橱窗展示专题制作 157
8.3.4 活动展示区制作 159
8.3.5 客服互动区制作 160
8.3.6 导航区制作 160
8.3.7 创意陈列区制作 161
8.3.8 分类导航区制作 161
8.3.9 矩阵陈列专区制作 162
8.3.10 页尾制作 164
8.4 项目上传 165
项目评价 166
项目小结 166
改进训练 167
同步训练 167
拓展训练 168
理论测试 169

▶项目9 移动端页面策划与制作 171
9.1 项目基础 172
9.2 首页策划与制作 173
9.2.1 策划设计 173
9.2.2 制作实施 175
9.3 产品详情页策划与制作 179
9.3.1 策划设计 179
9.3.2 制作实施 182
9.3.3 发布浏览 189
项目评价 190
项目小结 190
改进训练 190
同步训练 191
拓展训练 192
理论测试 192

▶参考文献 193

项目 1　网店美工基础

1.1　认识岗位

1.2　营销美学

1.3　常用技能

【项目描述】

　　网店美工是电商企业基本岗位，承担视觉营销工作流程的技术实现，涉及视觉、营销、信息等跨领域技能与素养培育。通过本项目学习，让学生了解美工岗位相关的工作职责、必备的营销美学知识与常用的信息处理工具。

知识目标：

◎ 认识网店美工，了解其任职要求、岗位职责、绩效考核等岗位内容。

◎ 了解视觉流程、经典构图规则、色彩搭配技巧、文字编排技术。

◎ 了解图像处理、网页编辑、视频处理的常见工具软件。

技能目标：

◎ 能够应用在线设计平台完成基于模板的广告图片创作与编辑。

◎ 能够应用经典构图法和色彩搭配、文字编排等方面的美学知识进行图片分析。

◎ 能够运用常见的媒体编辑软件进行简单的媒体编辑与处理。

素养目标：

◎ 通过网店美工岗位线上调研活动，引导学生认知岗位、热爱岗位。

◎ 通过美学基础知识学习，提高版式构图、色彩搭配、文字编排等方面的艺术素养。

◎ 通过美图类 App 操作体验，培养自主探究与团队协作能力。

网上店铺类似于卖场终端，是买卖双方的交易互动平台。店铺运营的成功是产品、店铺设计、营销推广、客户服务、物流等因素综合作用的结果。产品是店铺成功的基础，营销推广为店铺集聚人气，服务与物流可提升访客体验。店铺设计得好，回访概率相对就高，客户黏性就会增强，店铺才有可能成为常青树。美工岗位的视觉认知能力、视觉表达能力很大程度上决定着店铺终端视觉的呈现，影响着客户的停留时间、访问深度。

1.1 认识岗位

美工是指对平面、色彩、构图和创意等进行设计处理的岗位，如平面美工、网页美工等。网店美工是店铺视觉营销设计与装修的最终执行者，岗位职责为配合视觉设计师、运营师完成店铺的各项设计工作，给消费者带来良好的视觉体验，最终达到引导销售与提高转化的目标。主管人员根据停留时间、点击率、调试率、转化率等任务完成情况对美工岗位进行综合评价，具体指标参考如表 1-1 所示。

表 1-1 设计工作满意度

设计大类	设计纬度	满意	不满意	纠结中	运营参考数据（备注解释）
设计	素材创意				直通车、钻展
	色彩搭配				点击率
	网页布局				停留时间
	字体排版				调试率
	图片处理				转化率
	完成时间				超时次数
	完成数量				承接数量
	采纳建议				店铺视觉发展计划
	调整次数				调整已确定计划的次数

1.1.1 岗位调研

活动主题:"美工"人才需求网络调研。
活动平台:智联招聘 https://i.zhaopin.com/。
活动目标:认识美工岗位。
活动步骤:招聘网中输入岗位关键词,设置地域,选取搜索页中感兴趣的工作岗位,熟悉岗位职责、岗位要求等信息。

1. 搜索岗位

搜索关键词:美工。　　　　　　　　区域限定:杭州。

搜索结果如图 1-1 所示。

图 1-1　岗位搜索结果

2. 搜索结果说明

(1)智能匹配。"美工"相关岗位有网店美工、电商美工、淘宝美工、电商设计美工等,属于平面设计类岗位。

(2)岗位薪酬。高级美工月薪 1.5 万～ 2 万元,美工主管月薪 1.5 万～ 2 万元。

(3)最新发布。当天发布的最新信息或近期信息。

(4)招聘内容查看。

招聘企业:杭州科嘉电子商务有限公司。

招聘信息:如图 1-2 所示。

(5)岗位职责热词。主图、详情页、海报、页面、店铺形象、页面布局、首页框架设计、改版、详情页排版设计、编辑、美化、活动页面策划、直通车、钻展、商城活动的推广焦点图、商城店铺的装修、活动海报的设计、产品图片编辑、产品描述排版设计和优化。

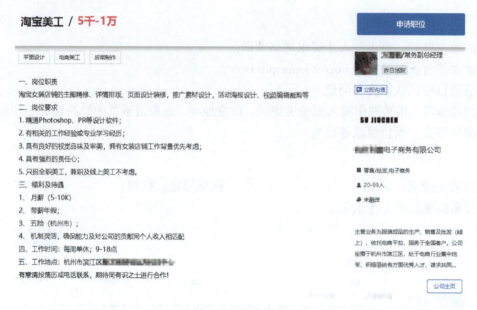

图 1-2　招聘信息

3. 任职要求

（1）有较强的审美能力、设计能力，具备良好的视觉表达能力。

（2）能熟练运用 PS、DW、AI、视频拍摄、视频剪辑等软件，熟悉手绘或三维软件操作。

（3）熟悉店铺装修、店铺设计优化、推广活动专题和活动宣传海报设计；能把握店铺视觉设计风格走向与定位。

（4）熟悉店铺视觉创意、色彩管理，熟悉移动端、PC 端一条龙装修业务。

（5）勤奋肯干、踏实细心，具备良好的团队协作能力与沟通协调能力。

（6）有担当、执行力强，有高度的责任感，能够承受压力，有创新精神，保证工作质量。

4. 岗位职责

相关美工岗位：美工助理、初级美工、中级美工、高级美工 / 美工主管。

职责描述：由主管总体负责工作任务调配，并与运营部门进行需求与业务对接，岗位职责如下：

（1）媒体素材采集分析。能采集与分析行业优秀图片、文字、视音频媒体素材，提取关键信息。

（2）常规性工作。熟悉图片的粗修、精修工作，熟悉各种常规及特殊调色手法。

（3）活动图策划与制作。根据季节转换、店铺促销等活动制作活动宣传图。

（4）创意图策划与制作。配合业务、运营部门进行钻展、直通车等推广创意图策划与制作，根据数据分析结果调优创意图。

（5）产品详情策划与制作。挖掘产品卖点，设计、优化、维护产品主图、详情页，取得竞争优势，提升品牌体验感。

（6）店铺首页及各主题页视觉设计优化。产品图片处理、产品文字描述、产品优化及店面整体形象设计更新等全套店铺美工设计，提升店铺整体视觉效果，优化用户视觉体验。

（7）移动端店铺设计与优化。移动端店铺首页策划与制作、"5 主图 +5 主屏"的产品详情策划与制作。

> **职场小贴士：专项职业能力考证——网店美工岗位**
>
> 为培养高素质"互联网＋"电商人才，人力资源和社会保障部与高校或培训机构联合开展网店美工专项职业能力培训与考证，培训方式为面授＋直播授课。证书由国家人社部统一印制，全国通用，长期有效。核心考核内容为岗位认知（岗位职责、任职要求）、图片处理（裁剪、编辑、调整、校色、调色、美化、合成、特效、切片）、网店装修（模板选择、布局设置、素材上传、个性化设置）、视觉营销（店铺定位、首页策划、主图制作、产品详情页制作、宣传海报制作）、宣传推广（站外推广图、网店二维码、钻展图、直通车图）等。

1.1.2 绩效考核

关键绩效指标（Key Performance Indicator，KPI），是企业通过对组织内部流程输入端、输出端的关键参数进行设置、取样、计算、分析，来衡量员工工作绩效表现的一种目标式量化管理指标。KPI 是把企业战略目标分解为可操作的工作目标的方法工具，是企业绩效管理的基础。建立明确的、切实可行的 KPI 体系，是做好绩效管理的关键。美工岗位 KPI 绩效考核量表如表 1-2 所示。

表 1-2 美工岗位 KPI 绩效考核量表

奖项	KPI 维度	KPI 指标	得分	比例	考核依据	主管评语
绩效奖【底薪×20%】	基本工作完成率	岗位职责（是否完全胜任岗位职责内的工作事务）		10%	能否保质保量完成工作	
		直通车点击率		6%	展现点击率 0.5% 以上	
		钻石展位点击率		6%	展现点击率高于同行	
		平均页面访问深度		6%	导航及搭配推荐的好坏	
		单页停留时间		6%	选图与排版的吸引程度	
		页面跳失率		5%	描述内容的质量	
		产品参数、描述等		5%	准确率	
		产品详情页		6%	制作效率和质量	
		活动海报制作		5%	制作效率和质量	
		图片处理的专业度		5%	选图，P 图	
		店铺装修		5%	每月不少于 2 次	
		专业知识（通过对图片处理等方面的专业知识考核 来判定，越优越好）		5%	基础素养	
		是否提出有益于团队发展的建议		5%		
		工作中是否有重大失误		5%		
		各类报表（工作周报等表格是否达标）		5%		
	团队精神	积极配合相关部门完成工作任务以及承担更多的责任意识		15%		

> **素养小贴士**：技能大赛　技能报国
>
> 全国大学生电子商务"创新　创意　创业"挑战赛（http://www.3chuang.net/）是教育部高等教育司重点支持的大学生竞赛项目，由校赛、省赛和全国总决赛三级构成，比赛内容为制订一份创业计划书。通过创新创业项目实践，以赛促学、以赛促创、以赛促业，培养创新意识、创意思维、创业能力及团队协同实战精神。广大青年学子们是中国制造、中国创造的强国力量，应不负青春，不负韶华，不负时代，干一行、爱一行，精湛技能，走技能成才、技能报国之路。

1.2 营销美学

版面设计中，各种视觉要素的组织与编排要遵循立场与动势视觉规则，使信息传达层次清晰、秩序合理、节奏有致；充分运用视觉规律，突出版面视觉中心；科学运用色彩，增强版面空间感、趣味性；通过强调、组合、叠印、图形化法等凸显版面主宾关系，使版面结构清晰合理，视觉流程通畅，信息传达明确。

1.2.1 视觉流程

视觉流程是一种虚有的流动线，设计过程中要注重版面主次、清晰前后空间脉络，使得整个版面运动趋势有"主体旋律"，各视觉要素和谐共生。

视觉流程分为单向流程、曲线流程、重心流程、反复流程、导向流程、散点流程以及F形与Z形流程。

1. 单向流程

单向流程即通过简明清晰的流动线来编排版面，如表1-3所示。

特点：简洁、直观、突出、有力、视觉冲击力强。

表现形式：横向、竖向、斜向。

表1-3　单向流程

横向流程 （特点：祥和、安静、稳定）	竖向流程 （特点：坚固、有力、直观）	斜向流程 （特点：动态、活跃、有趣）
	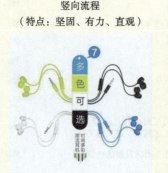	

2. 曲线流程

曲线流程即视觉要素随弧线或回旋线运动而形成，如图1-3所示。

特点：韵律感、节奏感与曲线美，更具流畅的美感。

图 1-3 曲线流程

3. 重心流程

重心流程即以强烈的形象或文字独居版面某个位置或不完全充斥整个画面，如图 1-4 所示。

特点：视觉焦点位于重心位置，主题鲜明、重点突出。

4. 反复流程

反复流程即相同或相似的视觉要素作规律、秩序、节奏的组合与编排，如图 1-5 所示。

特点：韵律美、秩序美、安定感、统一感。

5. 导向流程

导向流程即通过诱导性视觉元素，主动引导读者视线按照一定方向流动，按照主次顺序将版面各视觉要素依次串联形成一个有机整体，如图 1-6 所示。

特点：版面重点突出、条理清晰、发挥最大的信息传达功能。

表现形式：文字导向、手势导向、指示导向、形象导向、视线导向等。

图 1-4 重心流程

图 1-5 反复流程　　　　　　图 1-6 导向流程

6．散点流程

散点流程即各视觉元素之间形成一种分散的、没有明显方向性的编排，如图1-7所示。特点：生动、有趣、自由、随意、轻松、活泼。

图1-7　散点流程

7．F形与Z形流程

流程形状如"F"与"Z"，是单向流程的组合形式，如表1-4所示。F形，由两条横向流程与一条纵向流程组合而成；Z形，由两条横向流程与一条斜向流程组合而成。这两种流程具有信息传达迅捷、简洁的视觉特点，适合网络用户在海量的互联网信息中的快捷阅读方式，这也是网页点击热点图通常呈现F形的缘由。

表1-4　F形与Z形流程

F形流程	Z形流程

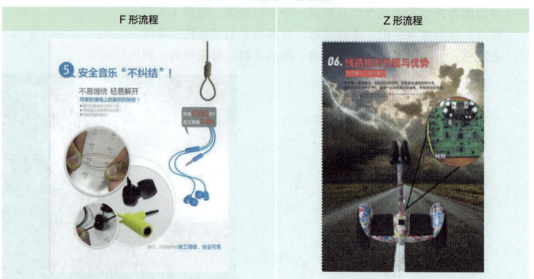

1.2.2　经典构图

"构图"是造型艺术术语，即根据表现主题将各对象适当组织起来，构成一个协调、完整的画面。构图在创作中承担着突显主体、吸引眼球、化繁为简、均衡和谐画面的重要作用。构图效果直接影响着画面的视觉感受。常见构图类型有中心构图、三角形构图、对角线构图、黄金分割构图、九宫格构图等。

1. 中心构图

主体对象位于画面中心，能最大程度突显主体，缺点是画面呆板、缺乏活力，建议通过光影、景深、线条、黑白等技法增强画面表现力，如图 1-8 所示。

2. 三角形构图

主体对象呈三角形结构，有正三角、倒三角、斜三角等类型，画面稳定均衡，又不失灵活，如图 1-9 所示。

图 1-8　中心构图

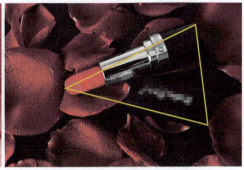

图 1-9　三角形构图

3. 对角线构图

主体对象位于各对角连线附近，画面更有立体感、延伸感和运动感，如图 1-10 所示。

4. 黄金分割构图

将一条线段分割为两部分，使其中一部分与全长之比等于另一部分与这部分之比，比值约为 0.618。黄金分割使画面舒适、美观、和谐，如图 1-11 所示。

图 1-10　对角线构图

图 1-11　黄金分割构图

5. 九宫格构图

九宫格是黄金分割的简化法，以"井"字形划分画面，将对象置于九宫格交叉点或交线附近位置，有助于收束视线，画面富有活力，呈现出变化与动感，如图1-12所示。

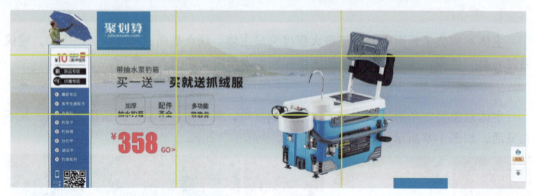

图1-12 九宫格构图

1.2.3 色彩搭配

色彩是有效传达主题的重要力量，是版面设计中最活跃的元素之一，它不仅能增添版面的视觉变化，还能增加版面的空间感、趣味感。

1. 色彩三要素

自然界中色彩分为彩色系、无彩色系。

彩色系表现很复杂，可用色相、饱和度、明度三要素确定基本属性，如图1-13所示。它们是色彩情感的基础，也是应用色彩的基础。色彩三要素相互依存、相互制约，任何一个属性的变化都将引起色彩个性的变化。

图1-13 色彩三要素

（1）色相（Hue）：指色彩相貌，即根据不同波长定义形成的色彩特征，如红色、绿色、紫色、黄色等各种不同颜色。

（2）饱和度（Chroma）：也称纯度，指色彩鲜艳程度或纯净程度。纯度越高，饱和度越高，颜色越鲜艳。色板中，越靠近右边，色彩越鲜艳，相对应的饱和度就越高，反之越低。

（3）明度（Brightness/Lightness）：指色彩明与暗的程度。色板中，越靠上，颜色越亮，明度越高，反之越低。

无彩色系指黑色、白色、灰色，仅有明度属性。RGB模式中，R、G、B值为255、255、255时，是明度最高的白色；R、G、B值为0、0、0时，为明度最低的黑色；当R、G、B值相同且在0～255之间时，为不同明度的灰色，数值越大，明度越高。

Photoshop环境中，应用吸管工具吸取颜色，应用渐变工具设置渐变色，应用油漆桶工具填充颜色，单击工具箱中前景/背景图标，弹出"拾色器"对话框进行颜色设置，如图 1-14 所示。

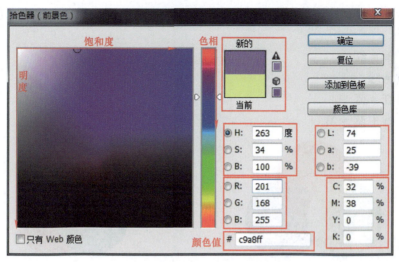

图 1-14　拾色器中色彩三要素设置

"拾色器"对话框中，首先选取图像颜色模式（如 HSB、RGB、CMYK、Lab），然后分别输入参数。RGB 模式中，不同 R、G、B 数值（取值范围 0～255）组合形成了大自然中多姿多彩的颜色，也可在"#"后文本框中输入 6 位十六进制数值来进行设置。

> **技能小贴士：**
>
> 　　图片版面设计过程中要注重色彩主次、前后关系。通过色彩明暗对比法，使版面各视觉要素间产生远近、虚实的秩序感，并能聚焦视觉版面主体。通过色彩分割法，使版面文字与图形间产生或对比或统一的关系，以此增加版面韵律感、节奏感和呼应等版面美感。

2. 色彩混合模式

两种或两种以上颜色混合产生新的颜色。三原色类型分光学三原色、颜料三原色两种。光学三原色为红、绿、蓝（靛蓝），颜料三原色为红（品红）、黄（柠檬黄）、青（湖蓝）。

（1）加色模式。色光混合变亮，称为加色混合。红、绿、蓝三光叠加为白，是计算机、电视、手机发光配色原理，称为加色模式，如图 1-15 所示。

红光 + 绿光 = 黄光

红光 + 蓝光 = 亮紫光

蓝光 + 绿光 = 青光

红光 + 绿光 + 蓝光 = 白光

红光 + 绿光（不同比例）= 橙 / 黄 / 黄绿

红光 + 蓝光（不同比例）= 品红 / 亮紫 / 蓝紫

蓝光 + 绿光（不同比例）= 绿蓝 / 青 / 青绿

红光 + 绿光 + 蓝光（不同比例）= 更多颜色

（2）减色模式。颜料混合变暗，称为减色混合。有色物体（包括颜料）能够显色，是物体对光谱中的色光选择吸收和反射的结果。两种以上的颜料混合，部分光谱色光被吸收,光亮度被降低。印染染料、绘画颜料、印刷油墨等物质性色彩混合或重叠,均属于减色混合。品红、柠檬黄、青三种颜料原色加在一起,混成黑色,称为减色混合,如图1-16所示。

品红＋黄＝红
青＋黄＝绿
青＋品红＝蓝
品红＋青＋蓝＝黑

图1-15　加色模式　　　　　　图1-16　减色模式

色彩学中,品红、黄、青三原色也称为一次色;两种不同原色混合所得颜色称为二次色,又称为间色,红、绿、蓝即为间色;两种不同间色相混合所得色称为三次色,又称为复色。

3. 色彩冷暖

冷色调给人以理性、宁静、安心、严谨、冷静的印象;暖色调给人以兴奋、温暖、热情、温和、热烈、甜蜜、满足之感。不同色彩适用于不同主题场景,例如:红色用于各电商平台活动页面,呈现热烈、欢乐的节日促销气氛;橙色用于食品类页面,激发人们购买、食用的欲望;蓝色常用于互联网技术领域高科技产品宣传页面。色彩冷暖划分如图1-17所示,色彩情感特征与适用主题场景如表1-5所示。

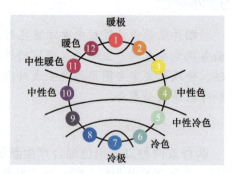

图1-17　色彩冷暖划分

表1-5　色彩情感特征与适用主题场景

色彩	情感特征	适用主题场景
红色	热情、主动、节庆、温暖、警告、危险、禁止……	婚庆、活动等
橙色	欢乐、活力、新鲜、秋天、激情……	食品、运动、儿童类等
黄色	明亮、辉煌、灿烂、活泼、希望……	食品、高档物品类等
绿色	生长、健康、生命、安全、青春……	土特产、护肤品等
蓝色	沉稳、冷静、平静、稳定、和谐……	数码类、科技类、家电类等
紫色	高贵、奢华、优雅、烂漫……	化妆品、艺术品类等
黑色	稳重、科技、深沉、黑暗、现代……	
白色	洁白、光明、朴素、纯洁、干净……	男装、音乐、科技、数码类等
灰色	冷静、中立、诚恳、沉稳、考究……	

4. 色彩协调

版面色彩设计过程中,要注重色彩协调均衡,可分别从色彩面积大小变化、色彩冷暖、明度及纯度等关键维度协调控制,如图1-18所示。

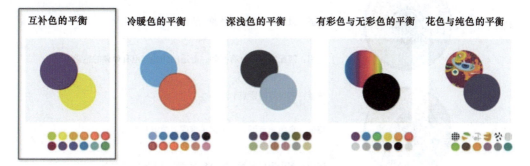

图1-18 不同维度色彩协调

建议初学者在色彩搭配过程中,一幅信息图色彩不超过3种,并按照"黄金配色比例法"进行色彩搭配与协调,主色调∶辅助色∶点缀色=70∶25∶5。

电商平台与店铺活动很多,可以根据季节特征、活动主题、产品特征、用户群体特征等来确定主色,结合色轮选配协调色,综合考虑画面整体视觉色彩。

(1)确定主色调。颜色选择得当,可加强画面整体视觉感。主色通常采用产品或主角的色彩,接着确定搭配色,由此明确整体色调风格。

(2)确定搭配色。搭配色也称协调色,一般有互补色、分补色、对比色、四角色、邻近色5种色彩协调形式,如表1-6所示。

表1-6 搭配色确定方案

配色类型	色轮图示	特征及应用
互补色		位置:基色与协调色成180°
		特征:最基础协调形式,强烈对比,活泼/刺激
		应用:适当的补色能突显视觉效果;大量使用时,不易把握
分补色		位置:协调色位于互补色两侧
		特征:互补色变种,更好的颜色范围,更小的张力
		应用:安全方案,对比但不强烈,活泼又不失柔和
对比色		位置:三个等间距,也称"三角色"
		特征:拉伸色彩协调范围,色轮夹角120°
		应用:用于高光部分;过量使用则过于活泼,建议以一种颜色为主导,辅以其他颜色,也可调整饱和度

(续)

配色类型	色轮图示	特征及应用
邻近色		位置：位于基色两侧相邻位 特征：以一种颜色为主色调，协调色不超过60° 应用：匹配度好，具有平静、舒适的体验，但有单调的感觉
四角色		位置：四个等间距点 特征：全色彩范围，四个突出维度，两组互补色 应用：多个突出元素，每个角色都吸引相同的注意力

如图1-19所示的小鹿斑比图，运用了多组互补色，突出了各角色特征，但没有大面积使用而造成的视觉压力，增强了整体画面视觉动感，体现目标客户群是充满活力的群体。

小黄人色彩设计如图1-20所示。主色确定为黄色，而后在如图1-21所示的色环上通过对比色（即"三角色"，颜色之间在色轮上夹角为120°）选择搭配色。

图1-19 小鹿斑比

图1-20 小黄人色彩设计

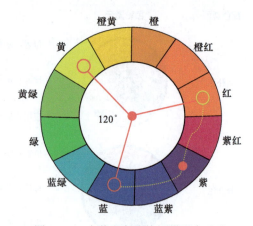

图1-21 小黄人色彩协调搭配色选取

1.2.4 文字编排

艺术设计中的字体分为印刷字体、艺术字体。印刷字体主要分宋体、黑体、书法体三大类；艺术字体指通过艺术化手法加工印刷字体，样式新颖独特，艺术效果突出，常用于产品详情页、活动海报等图片的主标题。

1. 文字编排原则

文字在版式设计中，既是传递语言信息的视觉符号，又是塑造版面艺术氛围的形式元素。要设计成功的版式，必须深入挖掘客户需求，推敲研究文案主次、顺序等要点，而后进行文字编排，原则如表1-7所示。

表1-7　文字编排原则

原则	内容
原则一：易读性	科学布局文本，合理设置字号、字间距、行间距、字体搭配、语义断句、位置等要素，确保清晰、有序、有效传达信息
原则二：统一性	根据用户群体、产品特征等适当选择字体，建议不超过3种，确保大统一、小对比的视觉关系，使版面既有变化美又有和谐美
原则三：艺术性	运用形式美法则加工文字，体现艺术审美价值，寻求文字间对比与统一、节奏与韵律、点缀与呼应的艺术效果

> **素养小贴士：审美素养**
>
> 审美素养具体包含审美经验、审美情趣、审美能力、审美理想等，借助各种数字媒介、艺术文化作品、摄影作品等载体发现美、感知美，提升审美素养，提高创作层次。

2. 文字编排方法

文字编排过程中，通过强调法、组合法、叠印法、图形化法达到使版面主宾关系清晰、凸显版面空间感、现代感、艺术感等效果目标。

（1）强调法。通过强调法增强版面中主与宾的对比关系，突出版面诉求重点目标，如放大或装饰标题，减弱其他元素配置量，使标题文本视觉效果出众，达到引起访客注目的效果。如图1-22所示的黑色主图背景中，"防缠绕"的核心功能性卖点文案做特大号、白色设计，达到夺人眼球的效果，强化了品牌产品形象。

（2）组合法。在文字主次地位、关系层次清晰的情况下，通过字体、字号、字距、位置、色彩、肌理等参数调整，将版面中相互关联的两个或两个以上文本组合编排，达到版面更紧凑、更统一、更丰富的效果。常见组合方法有对齐法、嵌入法、延伸法。如图1-23所示的硬壳竿包产品海报，将产品核心卖点"防水耐脏""加大容量""提背两用"以并列式结构短语组合对齐展示，卖点提炼到位，版面紧凑统一。

（3）叠印法。文字间、文字与图像间采用重叠分层艺术呈现手法，叠印后版面产生强烈的空间感、跳跃感、透明感、现代感，更具艺术感。通过叠印法，对象间关联更为紧密，能引起观众共鸣，能更贴切与完美地表现主题。如图1-24所示的钓竿产品海报，产品图形与超大号红色卖点文案"3300G"叠印，画面更具亲和力、感染力。

（4）图形化法。通过各种不同创作手法和构成方式将文字进行重新组合（如重叠、意象构成、字体变形、实物联想等），将文字图形化呈现于版面，在信息传达上更具简洁性、趣味性。如图1-25所示的水墨山水意境中，超大图形化的"刺"字生动刻画了"刺客"号钓竿的品牌形象，"刺客"号深深烙印于访客心中。

图1-22　强调法

图1-23　组合法

图1-24　叠印法

图1-25　图形化法

1.3　常用技能

作为一名网店美工，要求具备较强的艺术审美能力、文案设计能力，还必须熟练掌握图形图像处理、网页创建编辑、视频编辑处理领域实操技能，尤其是图形图像处理能力。

1.3.1 图像处理常用工具

　　设计领域常用三大法宝分别是 Adobe 公司的 Photoshop、Illustrator、InDesign 软件。Photoshop 简称 PS，是由 Adobe Systems 开发的图像处理软件，主要应用于图像编辑、合成、调色、校色、特效制作等。Adobe Illustrator 简称 AI，是非常好用的矢量图形创作工具，主要应用于印刷出版、海报书籍排版、专业插画、多媒体图像处理和互联网页面制作等。InDesign 简称 ID，是一个桌面出版（DTP）应用程序，能非常方便地设计各种交互式电子书、杂志与其他电子出版物。

　　工欲善其事，必先利其器。作为美工，要能够熟练运用 PS、AI、ID 或 CorelDraw 软件。能应用 PS 软件编辑合成图像、校色调色、抠图裁图、布局排版、美化修饰等，能创作首页、产品详情、活动推广图等各种店铺图，能应用 AI 绘制品牌形象标志等。

1.3.2 网页编辑常用工具

　　Adobe Dreamweaver，简称 DW，是集网页制作和管理网站于一体的所见即所得网页代码编辑器，借助 HTML、CSS、JavaScript 等内容支持，可快速、方便地完成全屏海报、全屏轮播、固定背景等功能效果，实现最优的用户体验。

　　应用"懒人坤"等在线生成代码网站，可轻松实现页面装修。首先登录网站，单击"全屏轮播"制作页面，在如图 1-26 所示的区域中设置内容，分别设置海报尺寸、图片链接等，单击"生成代码—原版"按钮，复制并粘贴代码至装修页面自定义区，而后发布站点。

图 1-26　在线生成代码

　　Wschool 网站供了丰富的 Web 开发资源，可登录网站 www.w3school.com.cn 免费获取，重点内容为 HTML、DIV+CSS 模块。

> **职场小贴士：** 脚踏实地　不断进取
>
> 　　一名优秀的网店美工岗位从业人员，应是懂技术、懂产品、懂审美、懂营销、懂设计的复合型人才。立足新时代背景，希望青年学子们重视内在素养提升，积极参加专业实践、顶岗实习，拓宽视野；脚踏实地，不断进取，强化技能训练；创新思维，勇于探索，追求创新；学中做，做中学，体验协同工作的乐趣与成功。

1.3.3 视频处理常用工具

　　网店首页、主图、详情页等页面中的短视频动态影音视觉呈现，能够在短时间内有效提升买家的商品认知度，提高购买转化率。视频编辑常规操作包括视频导入、分割剪辑、添加字幕、音频添加、转场与特效、渲染输出等。有关视频编辑处理常用工具如下：

（1）视频拍摄工具：单反相机、手机。
（2）视频编辑软件：剪映、K剪辑、会声会影（Corel VideoStudio）、Adobe Premiere、Camtasia 等。
（3）视频下载、录制工具：硕鼠、屏幕录像专家等。
（4）格式转换工具：格式工厂等（能完成图片、视频、音频类文件格式转化）。

项目小结

本项目通过岗位调研活动引导学生了解美工岗位职责、任职要求，加深其岗位认知；通过视觉流程、经典构图、色彩搭配、文字编排等理论知识与配套案例分析，使学生掌握美学基础知识；通过对图像处理领域、网页编辑、视频处理领域的常见工具软件的介绍，培养学生自主探索学习能力。项目提供了同步训练、拓展训练、理论测试以逐步巩固提高学生的综合职业能力。

同步训练

登录智联招聘网站，调研并记录美工岗位的人才需求情况，完成表1-8的信息填写。

表1-8　美工岗位人才需求调研报告

搜索关键词	美工	区域	杭州
结果记录	共_____页，共_____条		
你最感兴趣的岗位信息记录	单位名称		
	任职要求		
	岗位职责		
	薪酬情况		
搜索关键词	网店美工	区域	上海
结果记录	共_____页，共_____条		
你最感兴趣的岗位信息记录	单位名称		
	任职要求		
	岗位职责		
	薪酬情况		
搜索关键词	网店美工	区域	北京
结果记录	共_____页，共_____条		
你最感兴趣的岗位信息记录	单位名称		
	任职要求		
	岗位职责		
	薪酬情况		

（续）

你未来的就业意向	
城市	
岗位	
年薪	
素养提升规划	
设计素养	
信息素养	
文化素养	

项目评价

完成对美工岗位人才需求调研报告的评价，请参考如表 1-9 所示的评价表。

表 1-9　美工岗位人才需求调研报告评价表

序号	评价内容	评分指标	评分分值	得分
1	原创性	数据的真实性、时效性，禁止抄袭	25 分	
2	完整性	信息填写完整，无漏填或乱填	25 分	
3	科学性	语句通顺，用词恰当，无错别字	20 分	
4	逻辑性	语言简洁，条理清楚，逻辑性强	20 分	
5	整体效果	报告格式规范，逻辑清晰，信息合适性与精确性	10 分	
		合计	100 分	

拓展训练

1. 小组探究活动：玩转美图秀秀 APP

活动时间：建议 10 分钟，图片美化（5 分钟）+ 评选互动（5 分钟）。

活动内容：记录图片美化、人像美容的功能分类，自选素材完成一键抠图、瘦脸瘦身功能操作，班级学习平台分享原始图与效果图，记录总结 APP 的功能特点，完成表 1-10 的填写。

表 1-10　小组探究活动表

记录图片美化功能分类		
	原始图	效果图
一键抠图功能体验 （带场景的人像图中，一键人像抠图，并做备份与翻转，素材自选）		

（续）

记录人像美容功能分类		
	原始图	效果图
瘦脸瘦身功能体验 （将人像素材瘦身瘦脸，素材自选）		
体验总结		
列举你认为比较好用的美图美颜类APP，并列举其优缺点：		

2. 小组调研活动：学会使用可画网

访问可画网（https://www.canva.cn）首页模板中心，自选主题，完成信息图信息提取、在线创作与分享交流。

（1）信息提取：任选手机海报、产品详情页各1份，完成表1-11的信息提取记录。

（2）创作体验：分别选取1款模板文件，编辑修改内容。

（3）分享交流：组内、组间交流活动成果。

表1-11 信息提取记录表

手机海报/效果图

（续）

产品类别	
视觉流程	
构图方式	
色彩搭配	主体色：　　　　　辅助色：　　　　　点缀色：
文案设计	
总体评价	
产品详情页 / 效果图	
产品类别	
视觉流程	
构图方式	
色彩搭配	主体色：　　　　　辅助色：　　　　　点缀色：
文案设计	
总体评价	

理论测试

一、填空题

1. 视觉流程分为单向流程、曲线流程、_____、_____、_____、导向流程及散点流程。

2. 色彩三要素为_____、_____、_____。

3. _____是指色彩的鲜艳程度或纯净程度。

4. 对于基础美工，设计页面时建议色彩不超过_____种色相，_____为主色调，_____为辅助色，_____为点缀色。

5. _____式构图法是采用"井"字形划分画面，"井"中的四个交叉点处作为优先主体位进行布局。

6. 三角形构图法，以三个视觉中心为画中角色的主要位置，有_____、_____、_____等类型。

7. _____简洁直观，视觉冲击力强，表现形式为横向、竖向、斜向三种，它是通过简明清晰的流动线来编排版面。

8. 导向流程表现形式有文字导向、_____、指示导向、_____、视线导向等。

9. 视频编辑软件常规操作包括视频导入、分割剪辑、添加字幕、音频添加、_____、渲染输出等。

10. _____决定了版式设计核心，是版面整体设计思路的体现。

二、判断题

1. 对角线构图是将主体对象安排至对角线，画面整体有立体感、延伸感和运动感。（ ）

2. 古希腊数学家毕达哥拉斯发现了黄金分割法则，是指线段较长部分与全长比值等于较短部分与较长部分比值约为0.861。（ ）

3. 红黄橙为暖色区，绿蓝紫为冷色区。（ ）

4. 色相，即色彩相貌，如红色、绿色、紫色等各种颜色。（ ）

5. 自然界中色彩分为彩色系、无彩色系。其中黑色、白色、灰色属于无彩色系，只有明度属性。（ ）

6. 艺术设计中的字体分为印刷字体、艺术字体。（ ）

7. 易读性、统一性、艺术性为文字基本编排法则。（ ）

8. 叠印法指文字间、文字与图像间采用重叠分层艺术呈现手法，叠印后版面更具艺术感染力。（ ）

9. 通过组合法可增强版面中主宾对比关系，实现突出版面诉求重点的目标。（ ）

10. 图形化法是通过重叠、意象构成、字体变形、实物联想等方式将文字图形化，趣味化、简洁化方式来呈现信息。（ ）

项目 2

网店素材创建与编辑

2.1　认识图形图像

2.2　图片裁剪与切片

2.3　图像绘制与修饰

【项目描述】

　　网店素材的创建与编辑需严格依据平台规范，包括尺寸、比例、文件大小等要求。图片原创程度、构图设计、色彩搭配、技术运用以及整体效果影响着素材创建与编辑的效果，更决定着广告的质量。素材基本创建工具 Adobe Photoshop（简称 PS）主要功能有图像编辑、合成、校色、调色等，能灵活运用 PS 的各种操作是美工岗位的基本技能。通过本项目的学习，要求学生能理解图形图像处理领域相关知识，熟悉 PS 工作界面，能运用 PS 完成图片裁剪与切片、图像绘制与修饰等网店素材创建与编辑的基础工作。

知识目标：
◎ 理解图形图像处理专业术语，了解常见文件格式。
◎ 熟悉 Photoshop 软件启动方法及工作界面各组成要素。
◎ 了解裁剪、切片、绘制、修饰。

技能目标：
◎ 能够完成基于 Photoshop 软件的文件基础操作。
◎ 能够根据要求完成图片裁剪与切片。
◎ 能够根据要求绘制简单图案、修饰图片。

素养目标：
◎ 通过图片裁剪与切片任务实施，培养学生精益求精的工作态度。
◎ 通过图片绘制修饰任务实施，培养学生勇于创新的工作方法、热爱工作的精神。

2.1 认识图形图像

Photoshop 是 Adobe 公司开发和发行的专业级图形图像处理软件，广泛应用于图片处理、广告摄影、网页制作等各领域。PS 的主要功能有图像编辑合成、校色调色及特效制作等。图片裁剪与切片、绘制与修饰等是网店美工岗位必备的实用基础技能。

2.1.1 专业术语

矢量图：也称向量图，是指用几何图元来表示的图像。矢量图与分辨率无关，任意缩放、旋转都不会失真。

位图：也称点阵图，是由许多类似小方块的像素组成的图形，当放大时会失真。

像素：英文 pixel（简称 px），是组成位图的最基本单位，即屏幕中最小的点，位图放大至一定程度时可见的一个个小方块即像素。

图像分辨率（像素/英寸）：英文 pixels per inch（简称 ppi），是指每英寸图像内的像素点数，分辨率的高低影响图像的清晰度。

色彩模式：常见的色彩模式有 RGB 模式、CMYK 模式、HSB 模式、Lab 颜色模式、位图模式、灰度模式、索引颜色模式、双色调模式和多通道模式。RGB 模式适合屏幕观看，CMYK 模式是最佳的打印输出模式。

2.1.2 文件格式

网店系统支持的图片格式有 JPEG、PNG、GIF 等。

JPEG 格式：即 JPG 格式，是互联网最常用的图片格式，具有较高压缩比。

GIF 格式：常用于存储动态图片，是一种压缩位图格式，分为静态 GIF 与动态

GIF。该格式图片占用空间较小，常用于产品动态展示。

PNG 格式：无损压缩格式，支持透明效果。

此外，还有其他的图片格式，如 PSD、TIFF、RAW 等，具体情况如下：

PSD 格式：Photoshop 专用文件格式，能够保存图层、通道等图像数据细节信息，但包含细节多，存储容量大，占用磁盘空间多。

TIFF 格式：广泛应用于图像质量要求较高的存储和转换领域。

RAW 格式：数码单反相机文件保存格式，是未处理的源文件。

2.1.3 Photoshop 基础操作

1. 启动 Photoshop

方法一：在已安装 Photoshop CS5 系统环境中，双击桌面 Photoshop CS5 快捷图标即可启动。

方法二：执行"开始→程序"选项，单击 Photoshop CS5 图标即可启动。

Photoshop 工作界面如图 2-1 所示。

图 2-1　Photoshop 工作界面

2. 文件基本操作

（1）新建文件。操作方法：运行 Photoshop CS5 后，执行"文件→新建"命令

（Ctrl+N），弹出"新建"对话框（如图2-2所示），在对话框中输入各参数，可设置文档宽、高、分辨率、背景内容、颜色模式等属性。

（2）打开文件。操作方法：运行PhotoShop CS5后，执行"文件→打开"命令（Ctrl+O）（如图2-3所示），弹出"打开"对话框（如图2-4所示），在对话框中选择待打开的图像文件，单击"打开"按钮即可。

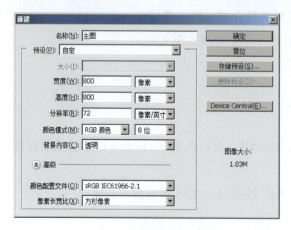

图2-2 "新建"对话框

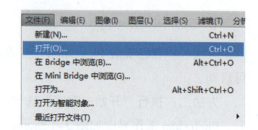

图2-3 "打开"命令

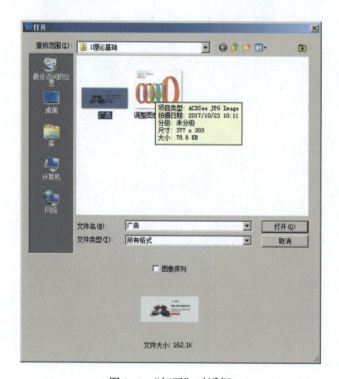

图2-4 "打开"对话框

（3）保存文件。图片文件处理完毕，需及时存储，也方便多次编辑修改。操作方法：编辑调整图像文件后，执行"文件→存储为"命令（Shift+Ctrl+S）（如图2-5所示），弹出"存储为"对话框（如图2-6所示），在对话框中设置文件名及存储位置。

项目2 网店素材创建与编辑 27

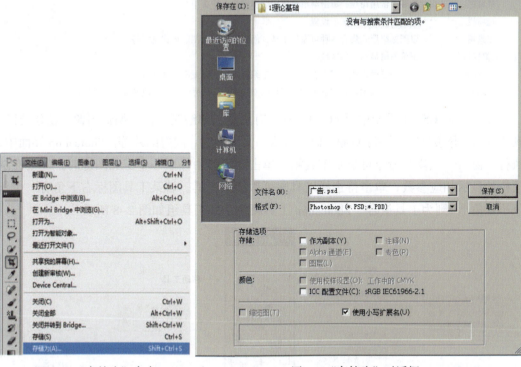

图 2-5 "存储为"命令　　　　图 2-6 "存储为"对话框

3. 工具箱和辅助工具

Photoshop CS5 工作界面（如图 2-7 所示）主要包含菜单栏、选项栏、工具箱、图像窗口、浮动面板、状态栏等组件。Photoshop CS5 界面解析如表 2-1 所示。

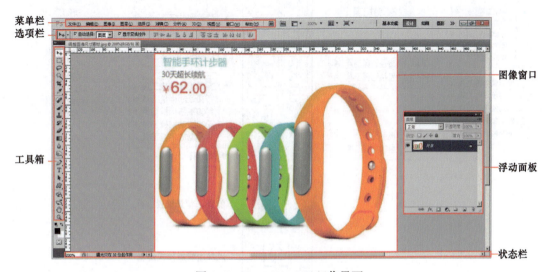

图 2-7　Photoshop CS5 工作界面

表 2-1　Photoshop CS5 界面解析

选项名称	选项功能
菜单栏	集聚了常用命令，单击菜单名称即可打开其下拉菜单
选项栏	用于各种工具的选项设置
工具箱	以图标组形式集合各种可操作工具，用于绘图、修图、创建选区等
图像窗口	图像编辑显示主要区域
浮动面板	常用图形操作选项或功能集合，用于编辑内容、设置颜色属性等
状态栏	文件浏览或编辑状态显示栏，可显示文档大小、尺寸、当前工具和缩放比例等信息

　　Photoshop CS5 工具箱中近 60 种工具各有用途，如绘制图像、编辑图像、创建选区、颜色选取、修复污点、擦除对象、修复红眼、文字创建、裁剪图片等。Photoshop 界面中，执行"窗口→工具"命令可显示工具箱。单击工具箱中任意一个工具图标时，即会在选项栏处显示相应参数；单击待选择工具即可激活该工具。若某工具图标右下角有一个黑色小三角形◢则为工具组合。Photoshop 工具箱中系列工具组如图 2-8 所示。

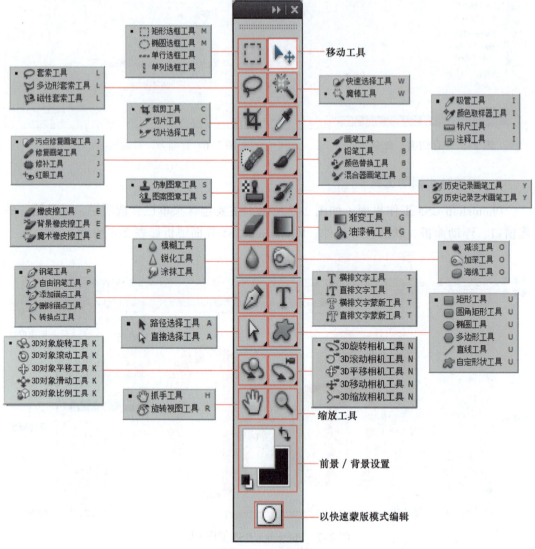

图 2-8　工具箱

4. 尺寸调整与缩放浏览

像素、分辨率、实际打印尺寸共同决定着图像文件存储所需磁盘空间，同时也影响着浏览该文件时的图像显示效果。

（1）调整文件属性。

确保图像文件已打开的基础上，执行"图像→图像大小"命令（Alt+Ctrl+I），弹出"图像大小"对话框（如图 2-9 所示），在对话框中可设置文件宽度、高度、分辨率等。

（2）调整画布大小。

执行"图像→画布大小"命令（Alt+Ctrl+C），弹出"画布大小"对话框（如图 2-10 所示），在对话框中修改图像工作区域。

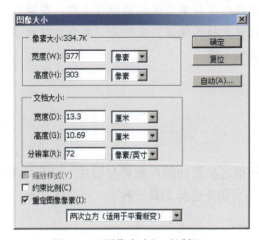
图 2-9 "图像大小"对话框

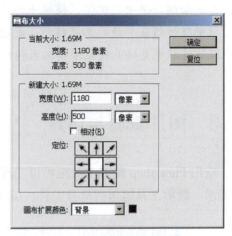
图 2-10 "画布大小"对话框

技能小贴士：

在"画布大小"对话框中，输入宽度、高度数值，其右侧下拉菜单中选取度量单位；勾选"相对"复选框，则相对初始画布尺寸增加或减少的数值，输入值为负数时将减少画布大小。

（3）缩放浏览图像。

当浏览与编辑图像文件时，可执行"窗口→导航器"命令，打开"导航器"面板（如图 2-11 所示），在面板中拖移缩放滑块、输入数值、单击"缩小"或"放大"按钮等可调整放大率，也可应用工具箱中的缩放工具。

5. 撤销与恢复操作

图像创作编辑过程中的误操作撤销或重复编辑步骤，可通过还原菜单命令或"历史记录"面板恢复。
执行"编辑→还原"或"编辑→重做"命令还原或重

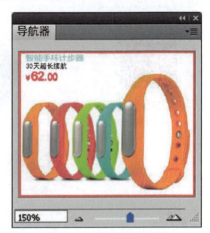
图 2-11 "导航器"面板

做前一次执行的操作。如需还原或重做多次操作，则可多次执行"编辑→向前一步"或"编辑→向后一步"命令，将还原为处理前或处理后的数个状态，其步数与"历史记录"面板相符。

"历史记录"面板可记录操作步骤或图像当前状态。执行"窗口→历史记录"，单击"历史记录"面板中的任一历史步骤即可跳转。

> **职场小贴士：精益求精的工匠精神**
>
> 　　精益求精是一种态度，是一种理念，是一种品质，也是一种行动。电商行业美工岗位工作人员应具备精益求精的职业素养。看似简单的素材，却包含了图片裁剪、切片、绘制、擦除、锐化、模糊等一系列细致的不断调整优化的操作过程。在操作过程中践行精益求精的工匠精神，是创作优质素材的保证；反过来，复杂细致的系列操作过程也是培养精益求精工匠精神的实践土壤。

2.2　图片裁剪与切片

应用 Photoshop 裁剪工具组可以实现各种指定参数的图片裁剪与切片，以满足不同的需求。裁剪工具组包括裁剪工具、切片工具、切片选择工具三种。

2.2.1　主图素材的固定尺寸裁剪

任务描述　应用裁剪工具将素材图裁剪为 700×700 像素，分辨率为 72 像素/英寸，素材图、效果图如图 2-12 所示。

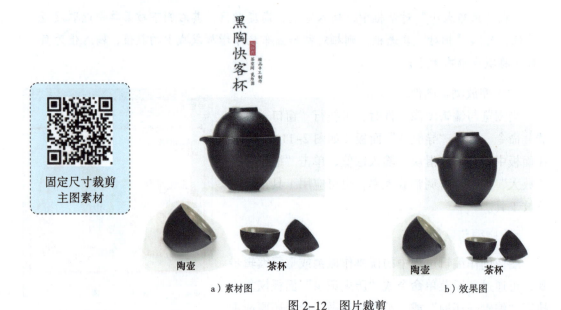

a）素材图　　　　　　　　　　　　　　b）效果图

图 2-12　图片裁剪

操作步骤

步骤1：打开文件。

步骤2：设置参数。单击裁剪工具 ，如图2-13所示，在选项栏中设置宽度700像素，高度700像素，分辨率72像素/英寸。

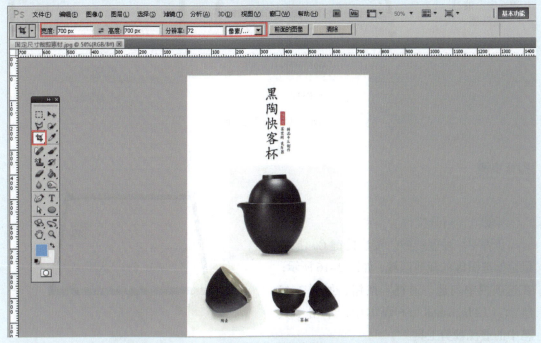

图2-13　设置参数

步骤3：设置裁剪区域。拖拽鼠标设置裁剪区域，如图2-14所示，虚线框内高亮方形区域为保留内容。

步骤4：完成裁剪。双击鼠标左键或按Enter键确认裁剪。

步骤5：保存文件。

图2-14　设置区域

2.2.2　主图素材的透视变形

任务描述　应用裁剪工具透视变形显示器屏幕，素材图、效果图如图2-15所示。

透视变形液晶
显示器

a）素材图

b）效果图

图 2-15　透视变形

操作步骤

步骤1：打开文件。

步骤2：设置参数。按快捷键C，拖拽鼠标框选图像的裁剪区域，如图2-16所示；在选项栏中勾选"透视"按钮，如图2-17所示。（Photoshop CS6版本中，单击工具箱中的透视裁剪工具。）

图 2-16　设置区域

图 2-17　选项栏

步骤3：调整控点。如图2-18所示，拖拽裁剪框左上与右上控点向中间聚拢直至紧贴显示器黑色边框，按 Enter 键完成透视变形。

步骤4：保存文件。

图 2-18　调整控点

2.2.3　主图素材的倾斜校正

任务描述　使用裁剪工具校正倾斜戒指素材，素材图、效果图如图2-19所示。

校正倾斜戒指素材

a）素材图　　　　　　b）效果图

图 2-19　倾斜校正

操作步骤

步骤 1：打开文件。

步骤 2：设置裁剪区域。 按快捷键 C，拖动鼠标确定图像裁剪区域，如图 2-20 所示，确定为整个图像。

逆时针旋转，顺时针转动调整，如图 2-21 所示。图像旋转后，多出的空白部分以当前背景色（白色）自动填充。

图 2-20　设置区域

图 2-21　调整角度

步骤 3：调整角度。 当鼠标左键指向任意控点、鼠标形状变为双向箭头时可顺、

步骤 4：确认裁剪。 双击鼠标左键完成裁剪。

步骤 5：保存文件。

2.2.4　详情素材的切片制作

使用切片工具 可将源图像分割成许多功能区域，方便上传与下载，优化访客浏览体验。切片后将图像存储为 Web 页时，每个切片作为独立文件存储，且包含每个切片设置（如链接）等；运用切片选择工具 可以调整切片大小。

任务描述　应用切片工具将详情页内容按照模块进行切割，并存储为 Web 所用格式，素材图、效果图如图 2-22 所示。

制作墨镜素材切片

a）素材图　　　　　　　　b）效果图

图 2-22　切片

操作步骤

步骤1：打开文件。

步骤2：切片操作。单击切片工具，如图 2-23 所示，在模块间合适位置拖拽鼠标，即可将图片切割成两片，如图 2-24 所示。

步骤3：保存文件。执行"文件→存储为Web和设备所用格式"命令，将切好的图片存储为Web所用格式，如图 2-25 所示，在"将优化结果存储为"对话框中设置图片格式、品质等选项，单击"存储"按钮后，设置文件名为"index"，格式为"HTML 和图像"。

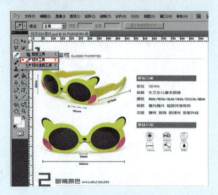

图 2-23　切片工具

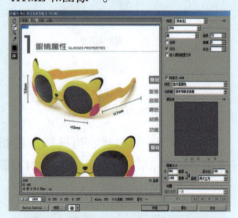

图 2-25　存储为 Web 和设备所用格式

图 2-24　切片效果

技能小贴士：

使用切片工具绘制切片区域时，注意切片宽度与图片宽度的统一。在需要切片的位置新建参考线，然后应用切片工具，单击选项栏的"基于参考线的切片"按钮，即可完成基于辅助线的自动切片，操作方便。

2.3 图像绘制与修饰

图像绘制与修饰的主要工具有颜色设置工具、绘制工具、橡皮擦工具、图像修饰工具等。

1. 颜色设置

颜色设置工具和面板包括吸管工具 , 油漆桶工具 、渐变工具 、颜色面板、色板调板、前景/背景等。

吸管工具：可以吸取色板或图像中的颜色。应用吸管工具单击图像某处可将单击点颜色设置为前景色，按住 Alt 键可将单击处颜色设置为背景色。

油漆桶工具：可以设置前景、图案填充类型。

渐变工具：可以设置颜色渐变，渐变类型有线性、径向、角度、对称、菱形共 5 种。"渐变编辑器"对话框中渐变颜色条下方、上方色标决定了渐变图案颜色、透明度。

颜色面板：执行"窗口→颜色"菜单命令可显示或隐藏颜色面板，调板左上角选择"前景/背景"，拖动颜色滑块或颜色样板可以设置前景、背景颜色。

色板调板：存储了系统预设的颜色或自定义颜色。执行"窗口→色板"命令，单击某个颜色即可将其设置为前景色，按住 Ctrl 键单击某颜色块可将其设置为背景色。

工具箱中设置前景/背景色图标如图 2-26 所示。

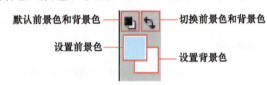

图 2-26 前景/背景设置

2. 图像绘制

图像绘制工具包括矩形工具组、画笔工具组。

矩形工具组：矩形工具 、圆角矩形工具 、椭圆工具 、多边形工具 、直线工具 、自定形状工具 。

画笔工具组：画笔工具 、铅笔工具 、颜色替换工具 、混合器画笔工具 。

工具箱中矩形工具组和画笔工具组的图标如图 2-27、图 2-28 所示。

"矩形工具组"选项栏中可设置形状图层、路径、填充像素；应用矩形工具，可绘制矩形或正方形；应用椭圆工具，可绘制椭圆或正圆；应用圆角矩形工具，可绘制不同半径圆角矩形；应用多边形工具，可绘制不同星形或多边形；应用直线工具，可绘制各种粗细与带箭头直线；应用自定形状工具，可绘制各种简单形状 ……单击"自定形状拾色器"面板右侧扩展按钮 ，执行"自然"等快捷菜单命令，在弹出的对话框中执行"追加"命令即可完成形状组追加。

应用画笔工具可创作简单图形。具体操作方法为：首先，单击"画笔工具" ；其次，在选项栏中设置画笔大小、硬度和形状等属性；最后，拖拽鼠标绘制图形。单击画笔工具预设选取器界面右上角按钮 ，执行快捷菜单命令即可实现画笔新建、载入、重命名、删除、复位、存储、替换等操作。画笔文件格式为 .ABR；画笔工具可用于创作丰富多彩图案或线条。

画笔面板如图 2-29 所示，选项如表 2-2 所示。

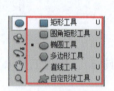

图 2-27　矩形工具组

图 2-28　画笔工具组

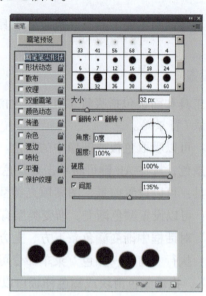

图 2-29　画笔面板

表 2-2　画笔面板选项表

选项名称	选项功能
大小	用于定义画笔直径，文本框内输入数值，也可拖动滑块调整，数值为 1～200 像素
角度	用于设置画笔角度，文本框内输入数值，也可拖动滑块调整，数值为 -180～180 像素
圆度	用于控制画笔长轴和短轴比例，文本框内输入数值，也可在预览图中拖动鼠标调整圆度，数值为 0～100
硬度	用于控制画笔边界柔和程度，数值越小，画笔越柔和，取值范围为 0～100%
间距	用于控制绘制线条时两个绘制点之间的中心距离，取值范围为 1%～1000%
流量	设置画笔的笔触密度，流量值越小，笔触密度越小，图像越模糊；反之，图像越清晰

3. 图像擦除

橡皮擦工具组包括橡皮擦工具、背景橡皮擦工具、魔术橡皮擦。

橡皮擦工具：功能类似于橡皮，用于擦除对象。工具栏中设置笔刷形状等属性，图像窗口中拖动鼠标即可擦除图像。当在背景层上擦除图像时，被擦除区域将被背景色填充；当在普通图层上擦除图像时，被擦除区域将变成透明。

背景橡皮擦工具：有选择地将图像中与取样颜色或基准颜色相近的区域擦除成透明效果，通过设置画笔大小、取样方式、容差等参数实现。

魔术橡皮擦工具：可快速将图像中颜色相近的区域范围内的图像擦除，并将擦除像素设置为透明。

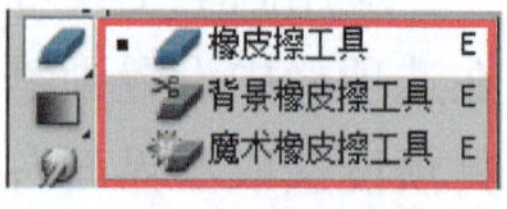

工具箱中橡皮擦工具组图标如图 2-30 所示。

橡皮擦工具选项栏、选项表如图 2-31、表 2-3 所示。

图 2-30　橡皮擦工具组

图 2-31　橡皮擦工具选项栏

表 2-3　橡皮擦工具选项表

选项名称	选项功能
模式	可选择橡皮擦种类。选择"画笔"选项可创建柔边擦除效果；选择"铅笔"选项可创建硬边擦除效果；选择"块"选项则擦除效果为块状
不透明度	设置擦除强度，不透明度为 100% 时可完全擦除像素，透明度较低时将擦除部分像素
流量	控制工具的涂抹速度
抹到历史记录	选中该复选框后，橡皮擦工具就具有了历史记录画笔功能

画笔工具选项栏、选项表如图 2-32、表 2-4 所示。

图 2-32　画笔工具选项栏

表 2-4　画笔工具选项表

选项名称	选项功能
取样	用于设置取样方式
限制	定义擦除限制模式 "不连续"：可擦除光标下位置样本颜色 "连续"：擦除包含样本颜色并互相连接的区域 "查找边缘"：可擦除包含样本颜色的连续区域，同时保留形状边缘的锐化程度
容差	用于设置容差范围，该值的高低确定了擦除范围大小
保护前景色	可防止擦除与前景色匹配的区域

4．图像修饰

图像修饰工具包含模糊工具、锐化工具、涂抹工具、减淡工具、加深工具、海绵工具、历史记录画笔工具和历史记录艺术画笔工具等。

（1）模糊工具组。模糊工具，可以柔化图像，减少图像细节；锐化工具，可以增强相邻像素之间的对比，提高图像清晰度；涂抹工具，可以拾取鼠标单击处像素，并顺着拖拽方向展开这种颜色，模拟类似于手指抹过湿颜料时的效果。

工具箱中模糊工具组图标如图 2-33 所示。

（2）加深工具组。加深工具组能改变图像曝光度，使图像某个区域变亮或变暗。减淡工具能提亮图像，加深工具能调暗图像，海绵工具能调整图像局部区域饱和度。

工具箱中加深工具组图标如图 2-34 所示。

（3）历史记录画笔工具组。历史记录画笔工具，可快速将图像局部信息恢复至最初状态；历史记录艺术画笔工具，可在保持图像原亮度基础上对图像进行艺术化处理。

工具箱中历史记录画笔工具组图标如图 2-35 所示。

  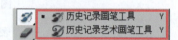

图 2-33　模糊工具组　　　图 2-34　加深工具组　　　图 2-35　历史记录画笔工具组

> **素养小贴士：** 创新精神
>
> 　　创新是拆分、综合、跨界的思维。素材创建与编辑是一个需要不断搜集与积累的过程，是一个在规范操作过程中不断创新、创意的过程。要在拆分、探索、理解和行动中不断反思、总结、迭代，实现从日积月累到厚积薄发。

2.3.1　浅绿主图背景创建

任务描述　应用油漆桶工具创建浅绿色产品主图背景，效果如图 2-36 所示。

浅绿主图背景创建

图 2-36　效果图

操作步骤　详见二维码视频。

2.3.2　抽象海报背景绘制

任务描述　应用画笔工具创建抽象海报背景，效果如图 2-37 所示。

抽象海报背景绘制

图 2-37　效果图

操作步骤　详见二维码视频。

> **技能小贴士：**
>
> 　　设置不同前景与背景颜色、画笔笔尖形状、散布、颜色动态、纹理、形状动态等参数，可绘制各种不同风格的效果图。

2.3.3 蓝天白云场景绘制

任务描述 应用画笔工具绘制如图 2-38 所示的蓝天白云海报场景。

图 2-38 效果图

蓝天白云场景绘制

操作步骤 详见二维码视频。

技能小贴士：

　　铅笔工具可绘制硬笔线条；颜色替换工具用于图像中特定颜色的快速替换，使用校正颜色在目标图像上绘制；应用混合器画笔工具在图像中涂抹，可绘制出类似绘画的效果。

课 堂 小 练 手

　　在搜索引擎文本框中输入关键词"PS笔刷"，自选素材网站，观察PS笔刷分类、外观、质感等特征属性，下载两个喜欢的创意笔刷（格式为.abr），将其拷贝至PS安装目录下 Presets/Brushes 目录中。在PS环境中，自主创作背景，绘制完成创意图形绘制，并在班级学习团队内分享与交流。

2.3.4 店铺标题栏绘制

任务描述 应用矩形工具等为素材图创建黑色矩形，以突显文字，素材图、效果图如图 2-39 所示。

a）素材图

b）效果图

图 2-39 店铺标题栏绘制

店铺标题栏绘制

操作步骤 详见二维码视频。

2.3.5 黄橙渐变背景创建

任务描述 应用渐变工具创建黄橙渐变背景，效果如图 2-40 所示。

黄橙渐变背景创建

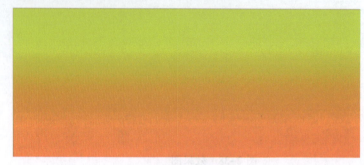

图 2-40　效果图

操作步骤 详见二维码视频。

> **课堂小练手**
>
> 以"棉麻女装 海报"为搜索关键词，学习借鉴女装行业优秀作品色彩搭配、构图设计、文案策划等设计理念；两人一组为学习团队，团队合作创建以棉麻女装产品为主题的海报背景，文件宽 950 像素、高 300 像素，RGB 模式，分辨率 72 像素/英寸，填充颜色为渐变色，色彩可自行设计，如创建灰白渐变、蓝白、棕白渐变等海报背景，保存并导出文件。在群级学习群分享与互动。

2.3.6 书包素材图文本擦除

任务描述 应用橡皮擦工具擦除文字，素材图、效果图如图 2-41 所示。

书包素材图文本擦除

a）素材图　　　　　　　　　　b）效果图

图 2-41　文本擦除

操作步骤 详见二维码视频。

2.3.7 墨镜素材透明背景设置

任务描述 应用背景橡皮擦工具擦除白色背景，素材图、效果图如图 2-42 所示。

操作步骤 详见二维码视频。

a）素材图　　　　　　　　b）效果图

墨镜素材透明背景设置

图 2-42　透明背景设置

2.3.8　粉色旅行包背景抠除

任务描述　应用魔术橡皮擦工具擦除粉色背景，素材图、效果图如图 2-43 所示。

a）素材图　　　　　　　　b）效果图

粉色旅行包背景抠除

图 2-43　背景抠除

操作步骤　详见二维码视频。

2.3.9　植物盆景图光影效果调整

1. 锐化模糊

任务描述　添加锐化模糊效果，加强产品主体视觉层次感，素材图、效果图如图 2-44 所示。

a）素材图　　　　　　　　b）效果图

植物盆景图光影效果调整 – 锐化模糊

图 2-44　锐化模糊

操作步骤　详见二维码视频。

技能小贴士：

执行"滤镜→锐化"下拉菜单的"USM 锐化""进一步锐化""锐化""锐化边缘""智能锐化"命令同样可以实现锐化效果，多次执行 Ctrl+F 快捷键可强化滤镜效果。

2. 减淡加深

任务描述 应用减淡加深技术加强产品主体光影效果，素材图、效果图如图 2-45 所示。

植物盆景图光影效果调整 – 减淡加深

a）素材图

b）效果图

图 2-45　减淡加深

操作步骤 详见二维码视频。

项目评价

完成对网店素材创建与编辑项目的评价，请参考如表 2-5 所示的评价表。

表 2-5　网店素材创建与编辑项目评价表

序号	评价内容	评价指标	评分分值	得分
1	规范性	尺寸、比例、文件大小等符合平台规范	30 分	
2	原创性	主素材原创，引用公共素材须注明	30 分	
3	艺术性	构图平衡，色彩和谐，画面美观	10 分	
4	技术性	技术运用合理、准确、适当	20 分	
5	整体性	主次清晰，整体协调	10 分	
		合计	100 分	

项目小结

本项目通过专业术语、文件格式、图片裁剪、切片、绘制、修饰等理论学习，使学生了解图形图像处理方面的基础知识；通过熟悉 Photoshop 工作界面、图片裁剪与切片、图像绘制与修饰等任务实施与训练，培养学生 Photoshop 软件使用习惯与方法，能完成美工岗位基础性的工作任务。

同步训练

应用 Photoshop 中特殊效果画笔，完成如图 2-46 所示的创意图绘制。

1. 新建文件。宽 950 像素，高 500 像素，RGB 模式，72 像素/英寸，透明背景。

2. 填充背景。设置前景色为黑色，应用油漆桶工具在图像窗口单击。

3. 新建参考线。版心位置创建水平、垂直参考线。

4. 载入画笔。单击工具箱中的画笔工具，选项栏中载入"特殊效果画笔"。

图 2-46 创意图

5. 绘制红色玫瑰。设置前景为红色，单击画笔面板中的"散落玫瑰"，版心位置单击鼠标左键绘制红色玫瑰，画笔大小 150 像素（供参考）。

6. 绘制绿色藤叶。设置前景色为绿色（R48，G255，B0），单击画笔面板中的"飘落藤叶"，画笔大小、形状动态、散布参数自定义。

7. 保存导出文件。保存格式为 .PSD 和 .JPG。

拓展训练

应用"美篇"小程序独立创作产品宣传主题美篇，并发布于微信朋友圈进行产品宣传，要求获得一定的阅读、点赞与转发。产品图片自行采集，可来源于各电商平台店铺，亦可自行拍摄等，完成表 2-6 的填写，评价标准参考表 2-7。

表 2-6 产品宣传主题美篇

产品名称	
产品特点	
内容选取	□安装　□使用　□细节　□品质　□服务　□材料 其他内容_____
标题名称	
正文内容	
媒体应用	图片　　　　　　　　数量_____ 音乐　　　　　　　　名称_____　风格_____ 视频　　　　　　　　数量_____　时长_____
分享交流	阅读_____，点赞_____

表 2-7 主题美篇评价表

序号	评价内容	评价指标	评分分值	得分
1	标题设计	语言精练，概括性强，富有吸引力	25 分	
2	文本表达	主题突出，层次清晰，内容翔实	25 分	
3	媒体应用	图文声像一体，富有感染力	25 分	
4	宣传推广	分享至社交平台，推广效果好	15 分	
5	整体效果	综合评价	10 分	
		合计	100 分	

理论测试

一、单选题

1. Photoshop 默认文件格式扩展名为（　　）。
   - A．PSD
   - B．BMP
   - C．TIF
   - D．PDF

2. 按键盘中的（　　）键可以将工具箱、属性栏和控制面板同时显示或隐藏。
   - A．X
   - B．Tab
   - C．D
   - D．Ctrl

3. RGB 颜色模式是一种（　　）。
   - A．屏幕显示模式
   - B．打印输出模式
   - C．印刷模式
   - D．油墨模式

4. （　　）是组成位图图像的最小单位。
   - A．位图
   - B．像素
   - C．分辨率
   - D．路径

5. Photoshop 中，新建文件默认分辨率为（　　）像素/英寸。
   - A．72
   - B．96
   - C．300
   - D．600

6. （　　）色彩模式色域最广。
   - A．灰度模式
   - B．RGB 模式
   - C．CMYK 模式
   - D．Lab 模式

7. 图像分辨率单位是（　　）。
   - A．dpi
   - B．ppi
   - C．lpi
   - D．pixel

8. Photoshop 中允许图像显示的最大比例范围是（　　）。
   - A．100.00%
   - B．200%
   - C．600%
   - D．1600%

9. Photoshop 中，切换屏幕模式快捷键为（　　）。
   - A．Tab
   - B．Ctrl+Tab
   - C．Shift+F
   - D．Shift+Tab

10. 背景图层描述正确的是（　　）。
    - A．始终在最底层
    - B．不能隐藏
    - C．不能使用快速蒙板
    - D．不能编辑

二、判断题

1. PAA 格式为 Photoshop 默认的文件扩展名。（　　）

2. Photoshop 环境中，按 Ctrl+ 一键是执行放大当前视图操作。（　　）

3. Photoshop 中新建文件时，首先需设定名称、大小、色彩模式等参数。（　　）

4. Photoshop 中，像素常规形状为正方形。（　　）

5. 色彩深度是指一个图像中颜色的数量。（　　）

6. 应用 Photoshop 裁剪工具可以将图片裁剪为任意形状图形。（　　）

7. 通过"基于参考线的切片"操作，方便完成比较精确的切片。（　　）

8. 可以设置的渐变类型有 5 种：线性、径向、角度、对称、菱形。（　　）

9. 模糊工具可以增强相邻像素之间的对比，提高图像的清晰度。（　　）

10. 减淡加深工具能改变图像曝光度，使图像某个区域变亮或变暗。（　　）

项目 3
网店素材优化与美化

3.1 抠图处理

3.2 图像修复

3.3 色彩调整

3.4 明暗调整

3.5 文字编排

【项目描述】

　　优质的推广营销图更能带给用户良好的体验,提升视觉营销效能,提高成交转化率。通过本项目的学习,要求学生熟练掌握精确抠图、图像修复、色彩调整、明暗调整、文本编排等主要的网店素材优化与美化技能,为后续项目实战打好基础。

知识目标：
◎ 熟悉选区定义、创建与编辑方法。
◎ 了解图像修复、修补、内容识别、液化技术。
◎ 理解明暗调整、色彩调整的概念。
◎ 熟悉文本创建与编辑方法。

技能目标：
◎ 能够应用合适的工具进行选区创建与编辑。
◎ 能够应用合适的工具进行图像修复。
◎ 能够进行特效文本创建与编辑。
◎ 能够进行图像明暗调整、色彩调整。

素养目标：
◎ 通过色彩调整、明暗调整任务实施，提升学生美术文化素养。
◎ 通过图片修复任务实施，培养学生认真严谨的工作态度。
◎ 通过外部字体的下载、安装、应用，培养学生正确的版权意识。

3.1 抠图处理

抠图技术是网店美工岗位基本功，同时也是图片融合质量的关键。抠图的基本标准是将某对象或区域从整图中分离，并能够确保其边缘、形态及透明物体的完整性。

图片融合常规工作流程的第一步为创建选区；第二步为复制或剪切选区对象；第三步为选区对象粘贴合成至新选区、新图层或新文件。

选区创建的基本工具有矩形选框工具组、套索工具组、魔棒工具组、钢笔工具组等。

1. 矩形选框工具组

矩形选框工具组适合创建规则选区，如矩形、圆形、单行、单列，它们在工具箱中图标如图 3-1 所示。

单击矩形选框工具，在图像窗口拖动鼠标即可创建选区，如图 3-2 所示，图中流动斑马线即为选区标识，斑马线内区域为选区。

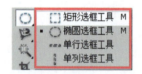

图 3-1　矩形选框工具组

图 3-2　矩形选区

矩形选框工具选项栏如图 3-3 所示，选项功能与操作方法如表 3-1 所示。

图 3-3　矩形选框工具选项栏

表 3-1　矩形选框工具选项功能与操作方法

选区设置	功能与操作方法
①选区运算	新选区按钮 ▫：创建新选区 添加到选区按钮 ▫：在已有选区基础上按 Shift 键拖动鼠标则加选选区 从选区中减去按钮 ▫：在已有选区基础上按 Alt 键拖动鼠标则减选选区 与选区交叉按钮 ▫：在已有选区基础上同时按 Shift +Alt 键拖动鼠标则创建交叉选区
②选区羽化	对象边缘产生半透明模糊效果，数值越大羽化效果越明显；羽化值在创建选区时有效，数值范围为 0～250 像素
③样式设置	用于设置创建选区约束方式，"正常"选项用于创建任意大小选区；"固定比例"选项用于设置固定宽、高比例选区；"固定大小"选项用于创建固定大小选区
④调整边缘	创建选区后，单击"调整边缘"按钮即可打开"调整边缘"对话框，设置半径、平滑、羽化及收缩/扩展等

2. 套索工具组

套索工具组包含套索工具、多边形套索工具、磁性套索工具，它们在工具箱中图标如图 3-4 所示。

套索工具可创建任意形状选区；多边形套索工具可用于定义三角形、六边形等直线型多边形选区；应用磁性套索工具，系统能自动识别图像中不同对象的边界，能较准确地创建精确选区。磁性套索工具选项栏、选项功能如图 3-5、表 3-2 所示。

图 3-4　套索工具组

图 3-5　磁性套索工具选项栏

表 3-2　磁性套索工具选项功能表

选项名称	选项功能
宽　度	以光标中心为基准，工具能检测到的周围像素区域范围
对比度	设置工作感应图像边缘灵敏度
频　率	设置创建选区时生成锚点数量

3. 魔棒工具组

魔棒工具组包含快速选择工具和魔棒工具，它们在工具箱中的图标如图 3-6 所示。

图 3-6　魔棒工具组

魔棒工具组可根据颜色创建不规则选区，选区大小与容差值设定有关。应用快速选择工具，可用圆形画笔快速"画"出一个颜色相近的选区；应用魔棒工具，可以选取图像中颜色相同或相近的区域，不必跟踪其轮廓。

执行"色彩范围"命令，可以按照指定颜色定义选区。

4. 钢笔工具组和路径选择工具组

钢笔工具可以实现精确抠图，且抠取的商品图像边缘平滑、准确。

钢笔工具组包含钢笔工具、自由钢笔工具、添加锚点工具、删除锚点工具、转换点工具；路径选择工具组包括路径选择工具、直接选择工具。它们在工具箱中的图标分别如图 3-7、图 3-8 所示。

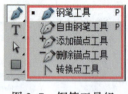

图 3-7　钢笔工具组

图 3-8　路径选择工具组

钢笔工具选项栏、选项功能分别如图 3-9、表 3-3 所示。

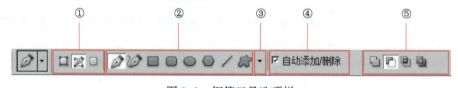

图 3-9　钢笔工具选项栏

表 3-3　钢笔工具选项功能表

序号选项名称	选项功能
①绘制方式	3个绘制方式：形状图层、路径和填充像素 "形状图层"按钮：可创建一个形状图层 "路径"按钮：绘制路径，并保存在路径面板中 "填充像素"按钮：图层中绘制形状并填充前景色
②路径工具组	包含钢笔工具、自由钢笔工具、矩形工具、圆角矩形工具、椭圆工具、多边形工具、直线工具和自定形状工具。绘制路径过程中，可通过单击相应图标快速切换到其他路径工具
③路径工具隐藏选项	当选择不同路径工具时，隐藏选项将发生变化
④自动添加/删除	勾选该复选框，则"钢笔工具"具有智能增加和删除点功能。当"钢笔工具"置于选取路径时，鼠标指针即可变为增加锚点；将"钢笔工具"置于选中锚点时，鼠标指针表示可删除此锚点
⑤路径布尔操作	路径添加、减选、相交、相交外处理

5．常用选区编辑命令

执行"选择"下拉菜单命令可创建、编辑选区；如已创建选区，执行右键快捷菜单命令可编辑修改选区。

3.1.1　矩形选框工具——选区变形融合

任务描述　应用矩形选框工具等技术将"百年辉煌"宣传海报合成至显示器中，素材图、效果图如图3-10所示。

a）素材图

显示屏与"百年辉煌"海报合成

b）效果图

图 3-10　选区变形融合

> 操作步骤

步骤1：打开文件。

步骤2：运用矩形选框工具。单击"矩形选框工具"，在选项栏中设置羽化值为0，样式为正常。

步骤3：创建矩形选区。在图像窗口中拖动鼠标创建矩形选区，效果如图3-11所示。

图3-13 变形选区

图3-11 创建选区

步骤4：变形选区。任意位置右击鼠标，执行快捷菜单"变形"命令，如图3-12所示。拖动各控点与水平变换线，调整选区形状与屏幕形状贴近吻合，如图3-13所示，单击鼠标完成选区变形，效果如图3-14所示。

图3-14 变形选区效果图

步骤5：全选"百年辉煌"图像。切换至"百年辉煌"素材文件窗口，按Ctrl+A键全选图像，如图3-15所示。

图3-15 创建选区

步骤6：拷贝选区对象。在"百年辉煌"素材文件窗口中，执行"编辑→拷贝"命令（Ctrl+C）拷贝选区内容至剪贴板上。

步骤7：贴入选区内容。切换至显示器窗口，按Alt+Shift+Ctrl+V键将"百年辉煌"素材选区对象贴入"显示器"选区内。

步骤8：自由变换图像。按Ctrl+T命令等比例缩放图片大小，完成最终效果。

步骤9：保存文件。

图3-12 执行"变形"命令

3.1.2 套索工具——素材元素融合

任务描述 应用套索工具等技术创建兰花素材选区并将其合成至器形产品图中，素材图、效果图如图3-16所示。

a）素材图　　　　　　　　　　b）效果图

图3-16　素材元素融合

操作步骤 详见二维码视频。

3.1.3 多边形套索工具——素材元素复用

任务描述 应用多边形套索工具等技术创建蓝色尺子副本，素材图、效果图如图3-17所示。

a）素材图　　　　　　　　　　b）效果图

图3-17　更新文具用品图

操作步骤 详见二维码视频。

3.1.4 磁性套索工具——前景背景合成

任务描述 应用磁性套索工具等技术将冰激凌机功能图与产品图合成新的宣传图，素材图、效果图如图3-18所示。

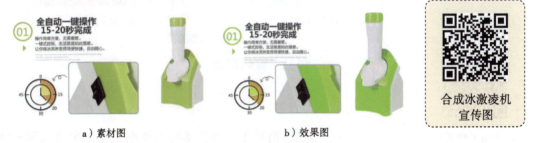

a）素材图　　　　　　　　　　b）效果图

图3-18　合成冰激凌机宣传图

操作步骤 详见二维码视频。

3.1.5 魔棒工具——前景背景合成

任务描述 应用魔棒工具等技术将书籍素材与新背景合成,素材图、效果图如图3-19所示。

童话书融入卡通背景

a)素材图　　　　　　　　　　b)效果图

图3-19　融入新背景

操作步骤 详见二维码视频。

3.1.6 快速选择工具——背景颜色替换

任务描述 应用快速选择工具等技术将积木图蓝色背景替换为橙色,素材图、效果图如图3-20所示。

积木素材图背景替换颜色

a)素材图　　　　　　　　　　b)效果图

图3-20　替换颜色

操作步骤 详见二维码视频。

3.1.7 钢笔工具——更换新背景

汽车电子狗素材图更换新背景

任务描述 应用钢笔工具等技术将汽车电子狗对象合成至新背景中,素材图、效果图如图3-21所示。

a）素材图　　　　　　　　　　　　　　b）效果图

图 3-21　更换新背景

操作步骤　详见二维码视频。

3.2　图像修复

图片瑕疵与污点，可通过污点修复画笔工具组、仿制图章工具组、内容识别技术、液化技术等来修复与优化，提升画面品质。

污点修复画笔工具组包括：污点修复画笔工具，可自动从所修复区域周围取样；修复画笔工具，能够将取样点图像自然融入目标位置；修补工具，是基于选区的图像修复；红眼工具，用于修复图片中的红眼。它们在工具箱中图标如图 3-22 所示。

图 3-22　污点修复画笔工具组

技能小贴士：

PS CS6 以上版本中，污点修复画笔工具组中新增的"内容感知移动工具"能智能计算、智能修复图片，应用它可将选中的对象移动或扩展至图像其他区域，实现图片重组与混合视觉特效。

图章工具组包括：仿制图章工具，是将取样点中的图像复制到修复区域以达到修复图像的目的，常用于后期图像处理过程中消除脸部斑点、清除背景杂物，以及修复水印等；图案图章工具，可以用系统自带或自定义图案进行绘制图像，也可将已定义好的图案填充至指定区域，常用于为批量商品图片添加店铺标识或水印等。它们在工具箱中图标如图 3-23 所示。

图 3-23　图章工具组

素养小贴士：严谨细致一丝不苟

高质量的素材是高品质主题图实现的基础，对有污点与瑕疵的媒体素材必须进行修复，还原正常后才能使用，这就要求美工人员在工作过程中保持严谨细致、一丝不苟的态度，坚持高标准、严要求，做实、做细各项工作。

3.2.1　污点修复画笔工具——消除星污点

污点修复画笔工具能自动采集与分析鼠标单击处及其周边图像的颜色、质感等信息并用计算结果替代待修复位置，适合消除斑点、痘痘等较小污点。

任务描述 应用污点修复画笔工具将灰色星污点消除，素材图、效果图如图 3-24 所示。

污点修复画笔工具 - 消除星污点

a）素材图

b）效果图

图 3-24　消除星污点

操作步骤 详见二维码视频。

3.2.2　修补工具——消除毛绒玩偶

修补工具的工作原理与修复画笔工具类似，是将选中区域像素由其他区域像素替代或将其复制至新位置，较适合于较大范围的修改与替换，且能保留原像素的亮度信息。

任务描述 "毛绒玩偶"是六一儿童节期间的赠品，现活动已过期，使用修补工具修补图像，消除毛绒玩偶，素材图、效果图如图 3-25 所示。

修补工具 - 消除毛绒玩偶

a）素材图

b）效果图

图 3-25　消除毛绒玩偶

操作步骤 详见二维码视频。

3.2.3　修复画笔工具——消除飞鸟

运用修复画笔工具时，首先取样，然后将选取的图像填充至待

修复画笔工具 - 消除飞鸟

修复目标区域中,使被修复区域与周围图像融合,还可将所选择图案应用于待修复图像区域中。

任务描述 运用修复画笔工具消除飞鸟,素材图、效果图如图3-26所示。

a)素材图

b)效果图

图3-26 消除飞鸟

操作步骤

步骤1:打开文件。

步骤2:应用修复画笔工具。单击"修复画笔工具" ,在选项栏中设置画笔形状为硬边圆、画笔大小60像素,勾选"取样"单选按钮。

步骤3:设置取样源。图像窗口中,鼠标定位至浅灰色背景区域,按Alt键取样。

步骤4:修复图像。释放Alt键,在图像中"飞鸟"所在位置单击鼠标左键直至完全修复。

步骤5:保存文件。

3.2.4 红眼工具——消除红眼

任务描述 使用红眼工具修复还原眼睛正常色彩,素材图、效果图如图3-27所示。

a)素材图

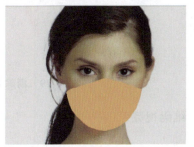
b)效果图

红眼工具–消除红眼

图3-27 消除红眼

操作步骤 详见二维码视频。

3.2.5 仿制图章工具——消除长颈鹿布偶

仿制图章工具的用法与修复画笔工具类似。

任务描述 应用仿制图章工具消除长颈鹿布偶,素材图、效果图如图3-28所示。

仿制图章工具-消除长颈鹿布偶

a)素材图

b)效果图

图3-28 消除长颈鹿布偶

操作步骤 详见二维码视频。

3.2.6 内容识别技术——消除香水瓶污点

首先在待修复区域创建选区,其次执行"编辑→填充"命令(Shift+F5),在弹出的"填充"对话框中执行"使用"下拉列表"内容识别"命令,软件会自动分析周围图像特点,实现图像快速无缝修复融合。

任务描述 应用内容识别技术修复香水瓶污点,素材图、效果图如图3-29所示。

内容识别技术-消除香水瓶污点

a)素材图

b)效果图

图3-29 消除香水瓶污点

操作步骤 详见二维码视频。

3.2.7 液化技术——修复卡通人物造型

液化工具可对人像进行美容与美体。在"液化"对话框中,应用"向前变形工具",可将画面往前推,可用于瘦脸或瘦身;应用"重建工具",还原画面未处理前状态;应用"顺时针旋转扭曲工具",可实现卷曲头发;应用"膨胀工具",可变大眼睛、鼻子、嘴巴等；应用"褶皱工具" ，可变小眼睛、鼻子、嘴巴等；按 Alt 键同时单击"复位"按钮，可使图像重置。液化发型时，根据波浪弧度设置画笔可使发型弧度圆润流畅；液化四肢时，根据主体位置分别调整画笔密度和压力数值可使人物肢体曲线柔美润滑；液化胸形、腰身及臀形时，注意边缘轮廓位置从边缘向内呈渐变式位置推移与纹理变形，以达到逼真效果。

任务描述 应用液化技术为卡通漫画人物瘦身，素材图、效果图如图 3-30 所示。

a）素材图　　　　　　　b）效果图

图 3-30　修复卡通人物造型

液化技术－修复卡通人物造型

操作步骤 详见二维码视频。

3.3　色彩调整

执行"图像→调整"级联菜单命令，可调整图像色彩。

可调整的选项包括：色相/饱和度、色彩平衡、黑白、照片滤镜、反相、渐变映射、HDR 色调、变化、去色、匹配颜色、替换颜色等。

3.3.1　调整色相/饱和度

执行"图像→调整→色相/饱和度"命令（Ctrl+U），可调整整幅图像的色相、饱和度和明度，或给黑白图像上色。

任务描述 应用"色相/饱和度"命令调整色彩，素材图、效果图如图 3-31 所示。

调整色相/饱和度

a）素材图　　　　　　　b）效果图

图 3-31　调整色相/饱和度

操作步骤 详见二维码视频。

3.3.2　调整色彩平衡

色彩平衡是常用的调色工具。执行"图像→调整/色彩平衡"命令，可快速调整图像偏色，使图像恢复正常色彩平衡关系，如调整图像暗调、中间调和高光部分。

任务描述　应用"色彩平衡"命令校正图像偏色，素材图、效果图如图 3-32 所示。

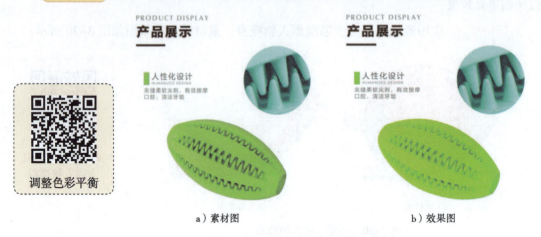

调整色彩平衡

a）素材图　　　　　　　　b）效果图

图 3-32　调整色彩平衡

操作步骤　详见二维码视频。

3.3.3　调整黑白效果

应用"黑白"命令可将图像调整为具有艺术感的黑白效果图，也可调整不同单色的艺术效果。

执行"图像→调整/黑白"命令（Alt+Shift+Ctrl+B），可将彩色图像去色转换为黑白图像。

任务描述　应用"黑白"命令去除商品颜色，素材图、效果图如图 3-33 所示。

调整黑白效果

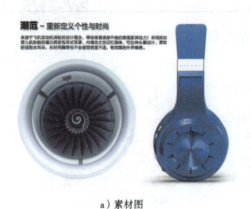

a）素材图　　　　　　　　b）效果图

图 3-33　调整黑白效果

操作步骤　详见二维码视频。

3.3.4　调整照片滤镜

照片滤镜可用于调整图像颜色。滤镜类型包括加温滤镜、冷却滤镜等，可分别为图像添加暖、冷色调。

执行"图像→调整→照片滤镜"命令，在弹出的"照片滤镜"对话框中可调整滤镜类型、颜色、浓度参数等。

任务描述　应用"照片滤镜"命令调整图片色调，素材图、效果图如图3-34所示。

调整照片滤镜

a）素材图　　　　　　　　　　　b）效果图

图3-34　调整照片滤镜

操作步骤　详见二维码视频。

3.3.5　应用通道混合器

执行"图像→调整→通道混合器"命令，可使用当前（源）颜色通道的混合来修改目标（输出）通道，从而实现改变图像颜色的目标。

任务描述　应用"通道混合器"调整图像色调，素材图、效果图如图3-35所示。

应用通道混合器

a）素材图　　　　　　　b）效果图

图3-35　应用通道混合器

操作步骤　详见二维码视频。

3.3.6　调整HDR色调

执行"图像→调整→HDR色调"命令，可修补太亮或太暗的图像，制作出高动态范围的图像效果。

任务描述　应用"HDR色调"命令调整色彩，素材图、效果图如图3-36所示。

调整HDR色调

a）素材图　　　　　　　　　　　　b）效果图

图 3-36　调整 HDR 色调

操作步骤　详见二维码视频。

3.3.7　变化色彩

变化色彩

执行"图像→调整→变化"命令，通过参数调整来实现调色，可以更加直观、精确、方便地调整图像颜色，应用于无须精确调整色彩的平均色调图像。

任务描述　应用"变化"命令调整图像色彩，素材图、效果图如图 3-37 所示。

a）素材图　　　　　　　　　　　　b）效果图

图 3-37　变化色彩

操作步骤　详见二维码视频。

3.3.8　去色

执行"图像→调整→去色"命令即可去色，能够在图像颜色模式保持不变情况下将彩色图像转换为灰度图像。

任务描述　应用"去色"命令调整图像颜色为黑白灰，素材图、效果图如图 3-38 所示。

去色　　　　　　　　　　a）素材图　　　　　　　　b）效果图

图 3-38　去色

> **操作步骤** 详见二维码视频。

3.3.9 替换颜色

执行"图像→调整→替换颜色"命令,可将图像中特定范围(整幅图像或特定选区)颜色快速替换为其他颜色,通常用于商品颜色替换。

> **任务描述** 应用"替换颜色"命令替换图片整体颜色,素材图、效果图如图3-39所示。

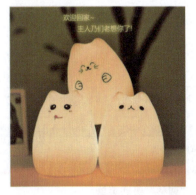
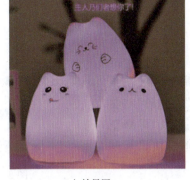

a)素材图　　　　　　　　b)效果图

图 3-39　替换颜色

> **操作步骤** 详见二维码视频。

3.3.10 可选颜色

执行"图像→调整→可选颜色"命令,可在不影响其他原色的情况下修改图像中的某种色彩,从而达到调整颜色、校正色彩不平衡问题的目标。

> **任务描述** 应用"可选颜色"命令调整颜色,素材图、效果图如图3-40所示。

a)素材图　　　　　　　　b)效果图

图 3-40　可选颜色

> **操作步骤** 详见二维码视频。

职场小贴士：美术文化素养

美术文化素养核心内容有图像识别、美术表现、审美态度、创新能力、文化理解等。提升美术文化素养可通过以下方面：在欣赏作品的同时培养鉴赏美的能力；参加艺术文化类社团，丰富课余生活，提高美术表现能力；参加美术绘画类技能类活动，提升独立创作能力、创新创作能力、个性发展空间。美术文化素养是网店美工岗位素材优化与美化工作的原动力。

3.4 明暗调整

执行"图像→调整"级联菜单中"亮度/对比度""色阶""曲线""曝光度"等命令，可修正产品图画面层次不够、灰暗等问题，如图3-41所示。

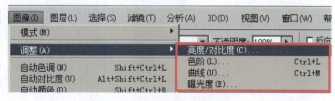

图3-41 "调整"级联菜单

3.4.1 认识直方图

直方图表示图像的每个亮度级别的像素数量，展现了像素在图像中的分布情况。通过观察直方图，可以判断图片阴影、中间调和高光中包含的细节情况，以便做出合理的调整。

执行"窗口→直方图"命令，打开"直方图"面板了解图像色调分布情况，如图3-42所示。

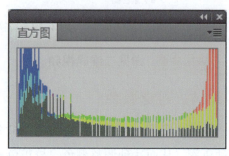

图3-42 "直方图"面板

3.4.2 调整亮度/对比度

"亮度/对比度"命令实现图像明暗整体性的简单调整，能够调整图像中包括高光、中间调、阴影等在内的所有像素的亮度与对比度。执行"图像→自动对比度"命令（Alt+Shift+Ctrl+L）自动调整图片对比度。

任务描述 应用"亮度/对比度"命令调整图像明暗，素材图、效果图如图3-43所示。

调整亮度/对比度

a）素材图

b）效果图

图3-43 调整亮度/对比度

(操作步骤) 详见二维码视频。

3.4.3 应用"色阶"命令调整局部明暗

执行"图像→调整→色阶"命令（Ctrl+L），可修正曝光不足或曝光过度，也可调节图像对比度。应用"色阶"命令时，可以调整阴影、中间调和高光输入色阶，也可在图像中取样设置黑场、灰场、白场。

"色阶"对话框、选项功能如图3-44、表3-4所示。

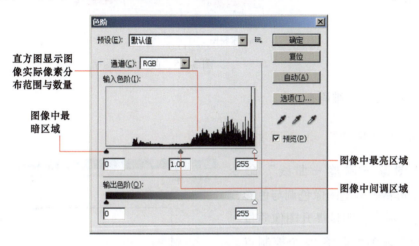

图3-44 "色阶"对话框

表3-4 "色阶"选项功能表

选项名称	选项功能
预　　设	单击"预设选项"按钮，列表框中"存储预设""载入预设"可选
通　　道	待调整通道RGB、红、绿、蓝通道可选，系统默认复合颜色通道
输入色阶	可分别设置阴影、中间调和高光输入色阶，拖动对应3个色阶滑块或在文本框中输入数值
输出色阶	可设置图像最高色阶和最低色阶，拖动输出色阶的2个滑块或输入数值
白　　场	使用该工具在图像中单击，可将单击点的像素调整为白色，原图中比该点亮度值高的像素也将变成白色
黑　　场	使用该工具在图像中单击，可将单击点的像素调整为黑色，原图中比该点暗的像素也将变成黑色
灰　　场	使用该工具在图像中单击，可根据单击点像素的亮度来调整其他中间调的平均亮度，通常用于校正色偏
复　　位	单击该按钮，图像可恢复至初始状态
自　　动	单击该按钮，可自动进行颜色校正
选　　项	单击该按钮，可打开"自动颜色校正选项"对话框，设置黑色像素和白色像素比例

任务描述 应用"色阶"命令调整图像明暗，素材图、效果图如图 3-45 所示。

应用"色阶"命令调整局部明暗

a）素材图　　　　b）效果图

图 3-45　调整局部明暗

操作步骤 详见二维码视频。

3.4.4　应用"曲线"命令调整通道明暗

执行"图像→调整→曲线"命令（Ctrl+M），可精确调整图像色调与色彩，赋予图像新的活力，明显提升图像质量。"曲线"命令最多可调整 14 个控制点，使图像明暗调整更为精确细致。它不但可以调整图像整体或单一通道色调，还可调节图像任意局部区域色调，对图像中个别颜色通道精确化调整。

"曲线"对话框如图 3-46 所示，选项功能如表 3-5 所示。

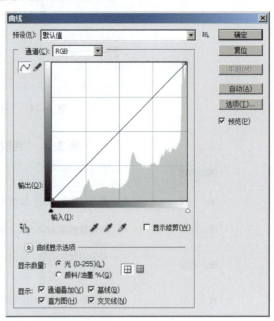

图 3-46　"曲线"对话框

表 3-5　"曲线"选项功能表

选项名称	选项功能
预设	近 10 种预设曲线调整方案可选
通道	待调整通道 RGB、红、绿、蓝可选
编辑点以修改曲线 ～	单击该按钮后，单击曲线可增加新控点，拖动控点可修改曲线形状
绘制以修改曲线 ✎	单击该按钮可手绘自由曲线
输出/输入	显示调整前/调整后像素值
平滑	当使用铅笔绘制曲线后，单击该按钮，则可平滑处理曲线
自动	单击该按钮，可对图像应用"自动颜色""自动对比度"或"自动色调"校正

任务描述 应用"曲线"命令调整通道明暗，素材图、效果图如图 3-47 所示。

a）素材图

b）效果图

应用"曲线"命令调整通道明暗

图 3-47 调整通道明暗

操作步骤 详见二维码视频。

技能小贴士：

若图像过亮，建议曲线下调；若图像过暗，建议曲线上调；若图像过于集中在中间调，建议调整为 S 形曲线。

3.4.5 应用"曝光度"命令修正光线

执行"图像→调整→曝光度"命令，可模拟摄影机内部曝光程序实现图片二次曝光处理，通过调整曝光度、位移、灰度系数校正参数来实现对图片明暗的控制。它能提高图像局部区域亮度，可后期解决曝光不足或过度等问题。

任务描述 应用"曝光度"命令调整曝光不足，素材图、效果图如图 3-48 所示。

a）素材图

b）效果图

应用"曝光度"命令修正光线

图 3-48 修正光线

操作步骤 详见二维码视频。

3.5 文字编排

汉字作为文明传承的载体，蕴含着不同历史时期人类的审美与思想，能激发观者内在情感。而图文融合能更有效、更明确地传达商家营销活动信息，例如店招、分类导航、活动海报、详情页等图片中的文字应用。

通常根据产品类别、客户群特征、店铺风格等信息来选取字体，常见字体特点、风格及应用领域如表 3-6 所示。

表 3-6　常见字体特点、风格及应用领域

名称	特点	风格	应用领域
宋体	方正平稳、端庄典雅、严谨精致	简洁、正式、通用	权威正统杂志、网页设计
黑体	形体工整、厚实有力、庄重醒目	现代化、简约时尚化	各级标题
隶书	温文尔雅、工整活泼	规范典雅、刚柔融合	范围较窄，可用于大标题
楷书	笔画简爽，造型规范、形体工整	大气、厚重、包容	启蒙类教材的前言与图片注释
综艺体	刚中带柔、稳重有力、不失柔和	活泼、严谨、艺术	儿童、母婴类产品图

在 Photoshop 环境中，文本创建工具有横排文字工具、直排文字工具、横排文字蒙版工具、直排文字蒙版工具。文字工具用于创建文字，文字蒙版工具用于创建文字选区，它们在工具箱中的图标如图 3-49 所示。

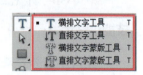

图 3-49　文字工具组

单击"横排文字工具"按钮 T（快捷键 T），选项栏、选项功能如图 3-50、表 3-7 所示。

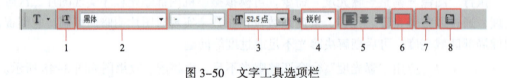

图 3-50　文字工具选项栏

表 3-7　文字工具选项表

序号	选项	选项功能
1	设置文本方向	单击该按钮，可自如切换横排文字、直排文字
2	设置字体类型	单击下拉列表框，可选字体类型
3	设置字体大小	单击下拉列表框，可选字号，也可输入数值调整字号
4	消除锯齿方式	单击该下拉列表框，可为文本消除锯齿选择方法，如：无、锐利、犀利、浑厚、平滑
5	文字对齐方式	设置文本对齐方式：左对齐文本、居中对齐文本、右对齐文本
6	文本颜色	单击颜色块，可在打开的"拾色器（文本颜色）"对话框中设置文本颜色
7	文字变形方式	单击该按钮，可在打开的变形文字对话框中为文本添加变形样式，便于创建变形文字
8	切换字符和段落面板	单击该按钮，可设置字符面板和段落面板的显示/隐藏

文字工具选项栏中，单击"切换字符和段落面板"按钮，弹出字符面板、段落面板，如图 3-51、图 3-52 所示。单击"创建文字变形"按钮，弹出"变形文字"对话框，如图 3-53 所示。字符面板、段落面板选项功能如表 3-8、表 3-9 所示。

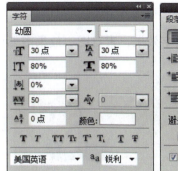 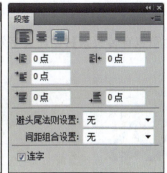 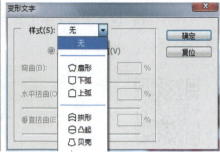

图 3-51　字符面板　　　　图 3-52　段落面板　　　　图 3-53　"变形文字"对话框

表 3-8　"字符"面板选项功能表

选项名称	选项功能
字体	单击该下拉列表框，可选择字体类型
字体大小	单击该下拉列表框，可选择字体大小
字距微调	用于调整两个字符间距离。操作时首先要调整两个字符之间的间距，设置插入点，而后调整数值
水平缩放／垂直缩放	水平缩放用于调整字符宽度，垂直缩放用于调整字符高度。当水平缩放与垂直缩放百分比相同时，则可进行等比缩放；反之，非等比缩放
基线偏移	用于控制文字与基线的距离，可升高或降低所选文字
T 状按钮	为文本加粗、倾斜、加下划线或删除线等文字样式
行距	用于设置各文本行间的垂直间距
字距调整	用于调整字符间距
颜色	单击颜色块，可在打开的"拾色器（文本颜色）"对话框中设置文字颜色

表 3-9　段落面板选项功能表

选项名称	选项功能
对齐方式	包括左对齐文本、居中对齐文本、右对齐文本、最后一行左对齐、最后一行居中对齐、最后一行右对齐、全部对齐
左缩进	用于设置段落左缩进
首行缩进	与缩进段落中的首行或首列文字有关。创建首行悬挂缩进，需输入一个负值
段前添加空格	设置段落与上一行文本的距离，或全选文字的每一段的距离
右缩进	设置段落右缩进
段后添加空格	设置每段文本后的一段距离

职场小贴士：版权意识

个性化字体能美化页面，但使用前必须鉴别字体的授权情况，避免使用未经授权字体而导致版权方投诉的不必要纠纷。登录"360查字体"网站（http://fonts.safe.360.cn）可查询字体免费、商用情况。素材上传之前，完成全部素材类型、规格的形式检查，确认素材均为有权提供或经授权使用。

3.5.1 创建横排文本——箱包宣传页

任务描述 应用横排文字工具为箱包宣传页素材创建文字效果，素材图、效果图如图 3-54 所示。

创建横排文本 - 箱包宣传页

a）素材图

b）效果图

图 3-54 创建横排文本

操作步骤 详见二维码视频。

3.5.2 创建直排文本——茶具广告图

任务描述 应用直排文字蒙版工具为素材图添加文案并设置属性，素材图、效果图如图 3-55 所示。

创建直排文本 - 茶具广告图

a）素材图

b）效果图

图 3-55 创建直排文本

操作步骤 详见二维码视频。

3.5.3 创建沿路径文本——菊花茶宣传图

任务描述 为宣传图创建沿路径排列文本效果，素材图、效果图如图 3-56 所示。

创建沿路径文本 - 菊花茶宣传图

a）素材图

b）效果图

图 3-56 创建沿路径文本

操作步骤 详见二维码视频。

3.5.4　创建变形文本——益智玩具图

任务描述　为益智玩具图创建变形文本，素材图、效果图如图 3-57 所示。

创建变形文本 - 益智玩具图

a）素材图　　　　　　b）效果图

图 3-57　创建变形文本

操作步骤　详见二维码视频。

3.5.5　创建渐变文本——多肉广告图

任务描述　为广告图创建渐变文本效果，素材图、效果图如图 3-58 所示。

创建渐变文本 - 多肉广告图

a）素材图　　　　　　　　b）效果图

图 3-58　创建渐变文本

操作步骤　详见二维码视频。

项目评价

网店素材优化与美化评价，请参考表 3-10。

表 3-10　网店素材优化与美化评价表

序号	评价内容	评价指标	评分分值	得分
1	原创性	视角独特，构思巧妙，注意版权	30 分	
2	艺术性	结构布局、色调搭配，光线运用合理	30 分	
3	技术性	技术运用合理、准确、适当	30 分	
4	整体效果	综合评价	10 分	
		合计	100 分	

项目小结

本项目主要讲授抠图处理、图像修复、色彩调整、明暗调整、文本编排等美工岗位必备的理论知识与素材优化美化典型实操应用技能。单一项目与综合项目交互融合,并对每一项实战任务都进行了分解实施。

同步训练

小组合作完成鲜花主题海报创作,图片素材可来源于各电商平台鲜花类店铺。具体要求如下:

(1)新建文件:950×600 像素或全屏 1920×600 像素,RGB 模式,72 像素/英寸,背景为透明。

(2)背景设置:单色、渐变色或将背景图片适当处理。

(3)色彩搭配:将画面各对象素材进行适当的色彩处理,使其色彩搭配和谐。

(4)明暗层次:将画面各对象素材进行适度的明暗调整,使其曝光正常。

(5)版式构图:体现版面重点,画面平衡有美感。

(6)文本编排:便于阅读,各级标题文本层次清晰。

(7)整体效果:图文混排科学合理,过渡融合自然。

(8)文件保存:鲜花海报 .PSD,鲜花海报 .JPG。

(9)分享交流:在学习平台分享作品,并评价、评分。

主题海报评价,请参考表 3-11。

表 3-11 主题海报评价表

序号	评价内容	评价指标	评分分值	得分
1	思想性	主题明确,内容积极,健康向上	20 分	
2	科学性	无语法错误,无错别字	10 分	
3	原创性	表达新颖,构思巧妙,创意独特	30 分	
4	艺术性	构图完整,色彩和谐,体现一定的美感	30 分	
5	整体效果	综合评价	10 分	
		合计	100 分	

拓展训练

应用手机拍摄产品,任选一款美图美颜 APP 对图片进行如下工作任务,并完成表 3-12 信息记录。

(1)产品拍摄:设置好拍摄场景,任选一款喜欢的生活用品进行拍摄,注意场景干净、整洁。

（2）调色处理：运用自己喜欢的美图美颜 APP 对素材图片进行光效、色彩、细节等调色处理。

（3）降噪处理：应用背景虚化、涂鸦笔、马赛克等按钮进行图片降噪处理。

（4）添加文字：为图片添加合适的主题文字，设置合适的字体、样式等参数。

（5）裁剪图片：将图片裁剪为正方形。

（6）分享图片：将图片分享至学习互动平台进行交流。

表 3-12　应用美图美颜 APP 处理图片记录表

产品名称	
产品优点	
APP 名称	□美图秀秀　　□醒图　其他_____
调色选项	
降噪选项	
文字设置	
处理前效果	处理后效果

理论测试

一、单选题

1. 在 Photoshop 环境中，前景色和背景色还原的默认快捷键为（　　）。

　　A．D 键　　　　B．X 键
　　C．Tab 键　　　D．Alt 键

2. 在 Photoshop 中，如下（　　）能够根据像素颜色近似程度填充颜色、填充前景色或连续图案。

　　A．魔术橡皮擦工具
　　B．背景橡皮擦工具
　　C．渐变填充工具
　　D．油漆桶工具

3. Photoshop 中应用仿制图章工具操作时，首先按（　　）键取样。

　　A．Ctrl　　　　B．Shift
　　C．Alt　　　　D．Tab

4. 快速填充前景色的快捷键为（　　）。

　　A．Alt+Delete　　B．Ctrl+Delete
　　C．Shift+Delete　D．Delete

5. 当有选区时，按 Alt 键，可（　　）选区。

　　A．减少　　　　B．取消
　　C．增加　　　　D．反选

6. 使用矩形选框工具同时，按住（　　）键可创建正方形选区。

　　A．Alt　　　　B．Ctrl
　　C．Shift　　　D．Tab

7. 以下（　　）不属于渐变类型。
   A. 线性渐变　　B. 角度渐变
   C. 模糊渐变　　D. 径向渐变
8. 按住（　　）键可删除锚点一侧句柄绘制直线路径。
   A. Ctrl　　　　B. Shift
   C. Alt　　　　D. 空格
9. 文字应用滤镜效果时，首先将文字进行（　　）命令转换。
   A. 图层/栅格化/文字
   B. 图层/文字/水平
   C. 图层/文字/垂直
   D. 图层/文字/转换为形状
10. 应用画笔工具绘制线条时，以下快捷键说法正确的是（　　）。
    A. 按"["或"]"键可以改变画笔的直径
    B. 按"+"或"-"键可以改变画笔的直径
    C. 按住"shift"键同时，按"+"或"-"键可以改变画笔的硬度
    D. 按住"Ctrl"键同时，按"["或"]"键可以改变画笔的硬度

二、多选题

1. 图像修复工具或命令有（　　）。
   A. 污点修复画笔工具
   B. 修补工具
   C. 变化
   D. 色调均化
2. Ctrl+T 是自由变换快捷键，能够实现如下（　　）变换操作。
   A. 缩放　　　　B. 旋转
   C. 斜切　　　　D. 扭曲
3. 段落文字可进行（　　）操作。
   A. 缩放　　　　B. 旋转
   C. 倾斜　　　　D. 裁切
4. 对色阶描述正确的是（　　）。
   A. 在"色阶"对话框中的输入色阶用于显示当前的数值
   B. 在"色阶"对话框中的输出色阶用于显示将要输出的数值
   C. 调整 Gamma 值可改变图像暗调的亮度值
   D. 在"色阶"对话框中共有 5 个三角形的滑钮
5. 属于 Photoshop 中文字排版功能的有（　　）。
   A. 可实现多页排版
   B. 可采用横排文字和直排文字两种方式输入文本
   C. 可沿路径输入文本
   D. 可在路径区域内输入文本

三、判断题

1. 按住 Ctrl 键同时单击采样点可实现仿制图章工具取样。（　　）
2. 海绵工具可降低或提高图像色彩的饱和度。（　　）
3. Photoshop 中灰度模式图像可直接转换为"双色调"色彩模式。（　　）
4. RGB 模式属于无色彩模式。（　　）
5. 对比度较高图像，使用磁性套索工具方便跟踪待选取图形轮廓。（　　）
6. Photoshop 中，按 Ctrl 键同时应用画笔可绘制直线效果。（　　）
7. 不能使用红眼修复工具修复还原眼睛正常色彩。（　　）
8. 滤镜不仅可用于当前可视图层，对隐藏的图层也有效。（　　）
9. 直方图表示图像的每个亮度级别的像素数量，展现了像素在图像中的分布情况。（　　）
10. 如果一张照片扫描结果不够清晰，可用 USM 锐化滤镜弥补。（　　）

项目 4

网店素材创意与融合

4.1 图层技术及应用

4.2 蒙版技术及应用

4.3 通道技术及应用

【项目描述】

  图层、蒙版、通道技术的灵活综合运用能为美工岗位锦上添花。通过本项目的学习要求学生理解图层、蒙版、通道的基本知识,能够熟练掌握图层、蒙版、通道等素材创意与融合高级实用技能,为后续项目的实战打好基础。

知识目标：

◎ 理解图层的概念、分类与使用方法。

◎ 熟悉蒙版的概念、分类与使用方法。

◎ 了解通道的概念、分类与基本使用方法。

技能目标：

◎ 能够应用图层技术完成特效按钮、水印和边框的制作。

◎ 能够使用蒙版技术融合图片、设计创意图片。

◎ 能够应用通道技术完成毛笔字的抠取处理。

素养目标：

◎ 通过半透明水印制作任务的实施，增强学生的版权意识。

◎ 通过蒙版技术任务的实施，提升学生创新创作能力。

◎ 通过通道技术任务的实施，培养学生一丝不苟的工作素养。

4.1 图层技术及应用

4.1.1 认识图层

图层，是一张透明薄纸，对图像的所有编辑操作都离不开图层，将不同对象置于不同图层中，方便编辑与修改。

图层的类型有普通图层、背景图层、形状图层、文本图层、调整图层与填充图层等。

（1）普通图层：最基本、最常用的图层；执行"图层→新建→背景图层"命令，可将普通图层转换为背景图层。

（2）背景图层：位于图层面板最下层，无法移动，无法应用图层样式与蒙版，可以填充与绘制；双击背景图层转换为普通图层。

（3）形状图层：绘制形状时自动创建的图层。

（4）文本图层：创建文本对象时自动创建的图层。

（5）调整图层与填充图层：用于无损调整图像色调、色彩和填充。

4.1.2 图层面板

执行"窗口→图层"命令（F7），可显示图层面板，如图 4-1 所示。图层面板选项功能如表 4-1 所示。

图 4-1　图层面板

表 4-1　图层面板选项功能表

选项名称	选项功能
图层混合模式	单击下拉列表可设置当前图层与其下图层混合效果
图层不透明度	可设置当前图层的不透明度
图层锁定按钮	可设置图层的各种锁定状态，如透明像素 、图像像素 、锁定位置 或锁定全部
填充不透明度	用于设定当前图层填充不透明度
图层显示标志	控制图层显示/隐藏，处于隐藏状态的图层不可被编辑
图层组	折叠或展开图层组
当前图层	当前选择和正在编辑的图层
调整图层	不破坏图像源文件情况下，以增加新的调整图层方式实现对图像的调整
图层样式	单击 ，在弹出的"图层样式"对话框中编辑样式，用于风格化定制
快捷操作图标	常用快捷按钮："链接图层"按钮 、"添加图层样式"按钮 、"创建图层蒙版"按钮 、"创建新的调整或填充图层"按钮 、"创建图层组"按钮 、"创建新图层"按钮 、"删除图层"按钮

4.1.3　图层基本操作

熟练掌握图层基本操作能方便实现图像编辑与操作，图层基本操作有选择、新建、复制、删除、快速定位、顺序调整、对齐与分布、合并与盖印、链接、编组、混合模式、样式等。

1. 图层选择

若对某个图层中的对象进行编辑，首先要选中该图层，选择图层的方法如下：

（1）选中一个图层：单击某图层。

（2）选中多个连续的图层：按 Shift 键同时单击首尾两个图层。

（3）选中多个不连续的图层：按 Ctrl 键同时依次单击待选择的图层。

（4）选中相似图层：选择一个普通图层，然后执行"选择→相似图层"命令。

2. 图层新建

单击图层面板底部"创建新图层"按钮 ；执行"图层→新建→图层"命令。

3. 图层复制

执行"图层→复制图层"命令；将待复制图层拖拽至图层面板底部"创建新图层"按钮 ；可在文件内与文件间进行。

4. 图层删除

执行"图层→删除→图层"命令；将待删除图层直接拖拽至图层面板底部"删除图层"按钮 。

5. 图层或图层组快速定位

单击移动工具 ，在如图 4-2 所示的选项栏中勾选复选框"自动选择"，下拉列表中选取"图层"或"组"；图像窗口中单击待选对象即可快速准确定位。

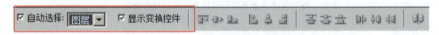

图 4-2 移动工具选项栏

6. 图层顺序调整

创建图层时，先创建的图层默认位于后创建图层的下方，背景层位于最底层。

通过拖拽待调整图层至目标位置然后释放，或执行"图层→排列"级联菜单命令可实现图层顺序调整。

7. 图层对齐与分布

为更好地控制各图层对象排列位置，可通过基本操作使其在水平或垂直方向上对齐或均匀分布。具体方式包括：顶边、垂直居中、底边、左边、水平居中、右边对齐或分布。

方法：首先框选各对象，然后执行"图层→对齐"命令或单击选项栏中相应的对齐按钮，如图 4-3 所示；执行"图层→分布"命令或单击选项栏中相应的分布按钮，如图 4-4 所示。

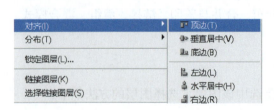

图 4-3 "对齐"命令

图 4-4 "分布"命令

8. 图层合并与盖印

合并图层：执行"图层→合并图层"命令（Ctrl+E）可将选中图层合并；执行"图层→合并可见图层"命令可将所有可见图层合并为一个图层；执行"图层→拼合图像"命令可将所有图层合并至"背景"图层中，并扔掉隐藏图层。

盖印图层：通过盖印图层可将多个图层内容合并为一个图层，同时保留其他图层完好，快捷键为 Shift+Ctrl+Alt+E。

9. 链接图层

多个图层链接，能实现统一移动、变形、缩放和对齐等操作。

方法：选中待链接的多个图层，然后单击"图层"面板底部的"链接"按钮，当显示链接标记时，表示已建立链接。当某图层与背景图层链接时，将无法移动链接图层中的任何一个对象。选中链接的图层，再次单击面板底部的"链接"按钮即可取消链接。

10. 图层编组

使用图层编组方式分类与管理图层。选中待编组的图层，按住 Shift 键同时单击"创建新组"按钮，将选中的图层直接编组。

11. 图层混合模式

设置相邻图层间对象混合方式，可实现图层加深、减淡、对比、比较和色彩混合等不同特效，共有 6 大类 27 种混合模式。正常，是 Photoshop 默认的色彩混合模式，此时上层图层中的图像完全覆盖下面图层，可以通过设置上层不透明度来透视下层中的图像。溶解，根据当前图层中每个像素点所在位置的不透明度，随机取代下面图层相应位置像素的颜色，产生溶解于下一层图像的效果，溶解只在当前图层处于半透明状态或图像有羽化效果时才能有效果。

（1）"加深"型混合模式：用于加深图像色彩，包括以下 5 种混合模式。

① 变暗：当前图层中较暗像素替代下面图层中与之相应的较亮像素。

② 正片叠底：当前图层与下面图层较暗像素合成，能较好地保持原始图像轮廓与阴影，加暗部分效果平缓于"变暗"。

③ 颜色加深：下面图层根据当前图层图像灰度变暗后再与当前图层图像融合。当前图层越黑的像素，颜色越会被加深；若当前图层像素为白色，混合时将不发生变化。

④ 线性加深：使用线性运算方法进行计算，效果暗于"颜色加深"模式。

⑤ 深色：对比当前图层与下面图层的明暗情况，用较暗像素取代较亮像素。

（2）"减淡"型混合模式：用于减淡图像混合效果，包括以下 5 种混合模式。

① 变亮：与"变暗"模式相反，以当前图层图像颜色为基准，当下面图层色彩比当前图层亮则保留，比当前图层暗则被当前图层色彩替代。

② 滤色：当前图层颜色与下层图像颜色相乘，再转为互补色，通常得到的结果色为亮色。

③ 颜色减淡：通过降低对比度来加亮下层图像的颜色，与黑色混合时色彩不变。

④ 线性减淡（添加）：效果强于"颜色减淡"模式。

⑤ 浅色：用较亮一层像素替代较暗一层像素，与深色模式相反。

（3）"对比"型混合模式：包括以下 7 种混合模式。

① 叠加：图像效果主要由下面图层决定，叠加后下面图层图像高亮部分和阴影部分保持不变。

② 柔光：可使图像颜色变暗或变亮。如上面图层像素比 50% 灰色亮，则图像变亮；反之则变暗。

③ 强光：加亮或变暗程度比"柔光"模式强烈。

④ 亮光：以当前图层图像颜色为依据来加深或减淡颜色。如混合色比 50% 灰色亮，则通过降低对比度来加亮图像；反之则通过提高对比度来变暗图像。

⑤ 线性光：以当前图层图像颜色为依据来加深或减淡颜色。如混合色比 50% 灰色亮，则通过提高亮度来加亮图像；反之则通过降低亮度来变暗图像。

⑥ 点光：根据当前图层颜色来替代颜色。如混合色比 50% 灰色亮，则替代比混合色暗的像素，不改变比混合色亮的像素；反之则替代比混合色亮的像素，比混合色暗的像素不变。

⑦ 实色混合：效果类似于"色调分离"命令。图像混合后，图像颜色被分离成红、黄、蓝等 8 种极端颜色。

（4）"比较"型混合模式：用于比较当前图像和下层图像，让图像中的相同区域显示为黑色，其他区域显示为灰度层次或色彩，包括以下 4 种混合模式。

① 差值：用当前图层像素值减去下面图层相应位置像素值来显示颜色，使图像产生反向效果。

② 排除：图像产生相对柔和的反向效果，效果与"差值"模式类似。

③ 减去：目标通道中相应像素值减去源通道中像素值。

④ 划分：查看每个通道中的颜色信息，从基色中划分混合色。

（5）"色彩"型混合模式：将图像色相、饱和度和亮度中的一种或两种应用到图像中，包括以下 4 种混合模式。

① 色相：图像显示效果由下层图像像素亮度、饱和度值及当前图层像素对应位置的色相决定。

② 饱和度：图像显示效果由下层图像像素亮度、色相值及当前图层像素对应位置的饱和度决定。

③ 颜色：图像显示效果由下层图像像素色相、饱和度决定。

④ 明度：图像显示效果由下层图像像素色相、饱和度及上面图层的亮度决定。

12. 图层样式

图层样式可在不改变原图像的情况下快速、高效地丰富图像效果。

样式分类：投影、内阴影、外发光、内发光、斜面和浮雕、光泽、颜色叠加、渐变叠加、图案叠加、描边。

样式面板中内置的多种预设样式可快速为图层对象添加特效。执行"窗口→样式"命令，即可打开样式面板，如图 4-5 所示。单击样式面板右上角按钮 ，在快捷菜单中可实现样式复位、载入、存储、替换等基本操作，可追加系统自带的各种样式，如抽象样式、按钮、虚线笔刷、DP 样式、KS 样式、Web 样式等。

图 4-5　样式面板

4.1.4　制作特效按钮

任务描述　应用图层样式制作特效按钮，素材图、效果图如图 4-6 所示。

a）素材图　　　　　　b）效果图

图 4-6　制作特效按钮

制作特效按钮

操作步骤　详见二维码视频。

4.1.5　制作半透明水印

为防图被盗，加强品牌记忆与宣传，半透明水印被广泛应用于网店图片制作中。水印风格创作手法各异，以不影响产品展示为主。

任务描述　为蹦蹦球素材添加水印，素材图、效果图如图 4-7 所示。

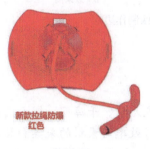 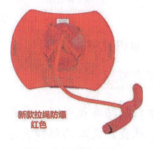

a）素材图　　　　　　　　b）效果图

图 4-7　制作半透明水印

制作半透明水印

操作步骤　详见二维码视频。

4.1.6　添加图片边框

描边是指为图片或文字边缘加边框，可以应用选区、图层样式方法。在"图层样式"对话框中可设置描边的位置为外部、内部和居中。

1. 应用图层样式制作边框

任务描述 应用图层样式为素材添加边框，素材图、效果图如图4-8所示。

a）素材图　　　　　　b）效果图

图4-8　应用图层样式制作边框

操作步骤 详见二维码视频。

2. 应用选区制作边框

任务描述 通过应用选区方法为产品主图素材添加边框，素材图、效果图如图4-9所示。

a）素材图　　　　　　b）效果图

图4-9　应用选区制作边框

操作步骤 详见二维码视频。

> **职场小贴士：数字资源构建与管理**
>
> 　　常用的设计类素材网站有花瓣网、觅知网、觅元素、千库网、懒人图库等，素材获取方式有免费、收费。美工的创作灵感、执行效率与素材的采集和管理密切相关。素材按照媒体类型，可分为字体、图片、文章、音频、视频等；按照风格类型，可分为文艺、清新、时尚、简约等；此外，还可以按照场景、色彩、主题等个性化需求进行资源分类与管理。

4.2　蒙版技术及应用

4.2.1　认识蒙版

在Photoshop中，有图层蒙版、剪贴蒙版、快速蒙版、矢量蒙版4种类型。

（1）图层蒙版，是指给图层添加一个特殊遮罩层，在保护图层原始图像不被破坏的情况下，让图层内容部分显示、部分不显示，实现图像间的融合效果。蒙版层的3种颜色分别为白色（可显示图层）、黑色（可隐藏图层）、灰色（可半透明图层）。图层面板中，选中蒙版层，执行快捷菜单命令"应用图层蒙版""停用图层蒙版""应用图层蒙版""删除图层蒙版"等即可完成图层蒙版多种操作。

（2）剪贴蒙版，至少包括2个图层，通过使用处于下方图层的形状来限制上方图层的显示状态，达到剪贴画效果，即"下形状上图案"。剪贴蒙版的最大特点是通过一个图层可以控制多个图层的可见内容。

（3）快速蒙版，是一种手动间接创建选区的方法，通过单击工具箱底部"以快速蒙版模式编辑"按钮，应用画笔工具在图像上涂抹，即可将未被编辑区域创建为选区，再次单击按钮，即退出"快速蒙版"状态，完成蒙版方式快速创建选区的工作任务。

（4）矢量蒙版，又称路径蒙版，是可以任意放大或缩小的蒙版，使用矢量图形控制图像显示与隐藏，较类似于图层蒙版，矢量蒙版与分辨率无关。

4.2.2 饮料广告图合成

任务描述 应用图层蒙版技术合成图片，素材图，效果图如图4-10所示。

a）素材图　　　　　　　　　　b）效果图

图4-10　饮料广告图合成

操作步骤 详见二维码视频。

4.2.3 荷花兔子创意图制作

任务描述 应用剪贴蒙版技术创意图片，素材图、效果图如图4-11所示。

a）素材图　　　　　　　　　　b）效果图

图4-11　荷花兔子创意图制作

操作步骤 详见二维码视频。

4.2.4 星空平衡车融合图制作

任务描述 应用图层蒙版技术合成星空背景与平衡车融合效果图,素材图、效果图如图4-12所示。

星空平衡车融合图制作

a)素材图　　　　　　　　　　　　　　b)效果图

图4-12 星空平衡车融合图制作

操作步骤 详见二维码视频

素养小贴士: 静心・精心・细心・责任心

图层技术、蒙版技术、通道技术的综合灵活运用,是美工人员在素材创意与融合过程中的高级实用技能。静心、细心、精心、责任心是美工成长路上需要培养的基本素养,能够静心读懂客户需求,能够细心挖掘创意亮点,能够精心完成素材综合处理,并保持强烈的工作责任感,是成功完成网店素材创意与融合的关键。

4.3 通道技术及应用

4.3.1 认识通道

通道常见用法是抠图,适合毛笔字、烟花、头发、婚纱、毛绒玩具等边界模糊不清的图像与半透明对象处理。

通道分为颜色通道和Alpha通道:颜色通道存储颜色信息;Alpha通道用于存储和修改选区。执行"窗口→通道"命令,即可打开通道面板,如图4-13所示。

图4-13 通道面板

4.3.2 毛笔字与帆布包合成图制作

任务描述 应用通道技术将毛笔字"向雷锋同志学习"合成至帆布包中,素材图、效果图如图4-14所示。

a）素材图　　　　　　　　b）效果图

图4-14　毛笔字与帆布包合成图制作

操作步骤 详见二维码视频。

项目评价

网店素材创意与融合评价,请参考表4-2。

表4-2　网店素材创意与融合评价表

序号	评价内容	评价指标	评分分值	得分
1	创意性	主题新颖、设计独特	30分	
2	艺术性	画面美观,富有想象力与个性表现力	30分	
3	技术性	技术应用准确、合理、适当	30分	
4	整体效果	综合评价	10分	
		合计	100分	

项目小结

本项目主要讲授图层、蒙版、通道等美工岗位必备的理论知识与综合高级应用实战技能,案例通俗易懂、实用性强。通过本项目的学习,要求学生能够了解图层、蒙版、通道的基本概念并能够熟练运用Photoshop高级应用能力,为独立完成后续项目夯实基础。

同步训练

应用蒙版工具完成向日葵与卡通笑脸素材的融合,素材图、效果图如图4-15所示。

素材图　　　　　　　　　　　　　　效果图

图 4-15　向日葵与卡通笑脸融合图制件

关键步骤如下：

（1）打开素材文件：向日葵 .JPG、卡通笑脸 .JPG。

（2）转换为普通图层：卡通笑脸文件中，双击"背景图层"将其转换为普通图层。

（3）移动文件：应用移动工具将卡通笑脸对象移动至向日葵 .JPG 文件。

（4）自由变换：应用 Ctrl+T 快捷键自由变换卡通笑脸尺寸至向日葵心大小。

（5）创建选区：应用魔棒工具单击"图层 1"的白色填充部分，容差值 32。

（6）反向选区：执行"选择→反向"命令，反向选区。

（7）添加图层蒙版：单击"图层"面板底部"添加矢量蒙版"按钮。

（8）画笔涂抹：蒙版层上，应用黑色画笔在细节部分涂抹，直至画面融合达到满意效果。

（9）保存文件：PSD 格式、JPG 格式。

拓展训练

完成如图 4-16 所示的 618 活动促销海报，主要工作任务如下：

图 4-16　618 活动促销海报

（1）新建文件：宽 950 像素，高 400 像素，分辨率 72 像素/英寸，RGB 模式，背景内容透明。

（2）填充红色背景：设置前景色为红色（R195，G1，B4），按 Alt+Delete 键填充。

（3）绘制黄色柔和圆：新建图层，设置前景色为橙黄色（R255，G190，B13），应用画笔工具，选项栏中设置"柔边圆"、大小 500 像素，版心位置绘制柔和橙黄色圆。

（4）输入文本：应用横排文本工具在图像窗口输入"618 大促"，设置字体为方正粗倩，字号 200 点，白色，其余默认。

（5）置入素材并变换：执行"文件→置入"命令，将指定路径下的"文字背景 .JPG"

置入,并按 Ctrl+T 键变换对象至合适位置与大小。

(6) 设置剪贴蒙版:在"图层"面板中,单击选中图层"文字背景",执行右键快捷菜单"创建剪贴蒙版"命令。

(7) 保存导出文件:活动促销海报 .PSD、活动促销海报 .JPG。

理论测试

一、多选题

1. 以下(　　)可用于编辑快速蒙版状态。
   A. 铅笔工具
   B. 画笔工具
   C. 钢笔工具
   D. 历史记录画笔

2. (　　)的图像不能执行可选颜色命令。
   A. LAB 模式
   B. RGB 模式
   C. CMYK 模式
   D. 多通道模式

3. 填充图层的类型包括(　　)。
   A. 单色填充图层
   B. 渐变填充图层
   C. 快照填充图层
   D. 图案填充图层

4. (　　)可将现存 Alpha 通道转换为选择范围。
   A. 选中待转换选区的 Alpha 通道并将其拖拽至通道面板"将通道作为选区载入"按钮
   B. 按住 Ctrl 键单击 Alpha 通道
   C. 执行"选择→载入选区"命令
   D. 双击 Alpha 通道

5. Photoshop 中的通道类型有(　　)。
   A. 路径通道
   B. Alpha 通道
   C. 专色通道
   D. 颜色通道

二、判断题

1. 要使某图层与其下面的图层合并可按 Ctrl+E 快捷键。(　　)

2. 锁定的图层不可以改变其上下的位置。(　　)

3. 如果移动蒙版层,首先解除图层与蒙版间的链接,然后选中蒙版层将之移动至目标图层即可。(　　)

4. CMYK 模式的图像有 3 个颜色通道。(　　)

5. Alpha 通道可以用于保存图像颜色信息。(　　)

6. 背景图层不能添加图层蒙版。(　　)

7. 图层,是一张透明薄纸,对图像的所有编辑操作都离不开图层,将不同对象置于不同图层中,方便编辑与修改。(　　)

8. 按住 Shift 键同时单击首尾图层,则选中多个不连续的图层。(　　)

9. 通过图层蒙版能够隐藏或显示部分图像。(　　)

10. 通道常用于毛笔字、烟花、头发、婚纱、毛绒玩具等边界模糊不清的图像与半透明对象抠取与处理。(　　)

项目 5　钻展图策划与制作

5.1　项目基础

5.2　项目策划

5.3　项目实施

5.4　测试保存

【项目描述】

某数码专营店计划做活动打造一款商务型鼠标爆款，同时获取展现流量以提升品牌知名度。为此，公司运营部门与视觉部门规划在平台首页轮播位置进行钻展单品推广。首先进行营销信息设计、卖点提取、创意策划等项目策划工作，然后实施素材采集、信息分层、项目实战、测试优化等工作任务。通过本项目的学习，要求学生熟悉钻展理论知识，能够完成钻展策划，并熟练掌握实战技能技巧。

知识目标：
◎ 熟悉钻展的类型、位置、尺寸。
◎ 了解营销信息设计、卖点提取、创意策划技巧。

技能目标：
◎ 能根据项目需求进行素材采集与创作。
◎ 能根据策划方案制作创意钻展图。

素养目标：
◎ 通过钻展图策划任务实施，培养学生的创新意识与创作能力。
◎ 通过钻展图制作任务实施，培养学生的实操能力与合作精神。

5.1 项目基础

5.1.1 认识钻展

钻展，是一种淘宝页面付费广告，按千次展现收费。卖家主要依靠创意钻展图吸引买家点击，从而获取流量，最终实现产品曝光、活动推广、店铺营销的目标。

淘宝网首页部分钻展位置如图 5-1 中蓝框所示。

图 5-1　淘宝网首页部分钻展位置

钻展图位置很多，例如天猫首页、淘宝首页、淘宝旺旺、站外门户、站外社区、无线淘宝等，对应尺寸如图 5-2 所示。

```
PC
800x500    720x410    640x400    600x150

无线
640x320🔥  640x300🔥  1715x520   1200x664   1200x658
1000x400   984x398    900x500    850x250    800x330
750x200    730x260    720x450    720x290    720x200
700x250    700x200    690x350    690x336    690x300
676x396    656x396    650x200    642x250    640x370
640x330    640x296    640x245    640x140    600x350
600x145    506x200    500x200    500x140    500x105
400x120    400x112    375x75     370x100    360x137
```

图 5-2　钻展图尺寸

手淘钻展位置为如图 5-3 中蓝框所示。

图 5-3　手淘钻展位置

钻展图点击率、点击单价计算公式如下：

点击率（%）= 点击量（次）/ 展现量（次）

点击单价（元 / 次）= 消耗（元）/ 点击量（次）

根据以上公式可得出：在同等展现量情况下，点击量越高，点击率就越高，单次点击成本就越低，钻展投入产出比则越高。因此，持续不断优化改进创意图视觉效果以提升点击量，传达有效信息，是钻展策划的关键工作。

职场小贴士：超级钻展 智能推广

超级钻展是钻展的升级版本，它通过短视频、互动任务、pk投票等多元创意体验，多重刺激消费者互动点击。采用OCPM（优化千次展现出价）竞价方式，品牌和商家只要给定预算，智能算法就可以每天为每个计划进行上万次决策，自动出价，确保实现客户营销利益最大化、成本控制最小化的营销推广目标。

5.1.2 营销信息设计

高点击率与高转换率，是钻展图视觉策划的重中之重。根据不同推广目标，要确定不同的营销策略：单品推广是将当前热卖或当季产品打造成爆款，以单品带动整店销售；节日或大促日等店铺活动推广是以快速获取大流量、提高转化与认知为目标；品牌推广则以宣传推广店铺品牌为营销目标。

钻展营销开启前应重点研究分析推广的产品、目标用户群体、营销活动，具体包括：确定推广品牌、名称、功能、特征、参数等产品属性；熟悉产品推广目标客户群体、用户喜好、心理特征等诉求；围绕钻展推广平台环境和定向目标客户群体特征确定投放方式、活动力度、投放地点、投放时间等因素。

为能够快速吸引目标群体注意力，首先营销信息设计要短小精练、去繁化简、突显重点；其次是创意要巧妙。文案设计重在宣传品牌、直击用户痛点、推广营销活动、幽默吸睛。

某品牌精油钻展如图 5-4 所示。宣传品牌型文案设计重点：宣传推广品牌实力与形象，"不是所有精油，都能获得如此荣耀""金妆奖"体现了其精油市场占有率、产品品质和品牌影响力。

图 5-4　某品牌精油钻展图

某品牌冷制皂钻展如图 5-5 所示。用户痛点型文案设计重点：针对客户群体"螨虫、黑头、粉刺、毛孔"等痛点问题，提供去黑头"牛奶竹炭墨雪皂"解决方案，直击用户痛点。

图 5-5　某品牌冷制皂钻展图

淘宝网首页 51 狂欢节钻展如图 5-6 所示。营销活动型文案设计重点："51 狂环节、爆款、享 24 期免息、限时抢购"呈现节日活动折扣优惠力度，烘托促销氛围，刺激消费者购买欲望。

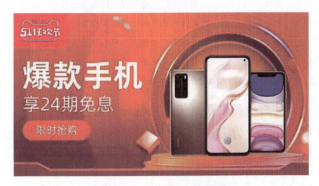

图 5-6　51 狂欢节钻展图

创意设计型文案设计重点：借助明星或社会新闻潮流动态等热度宣传推广。

幽默吸睛型文案设计重点：通过有趣的图文画面，提高点击率，融入当前事件元素，采用拟人化或夸张化等手法。

5.2　项目策划

5.2.1　活动产品背景

某电子商务有限公司希望在短期内打响品牌知名度，公司运营部门与视觉设计部门准备策划 5 秒首焦创意钻展图，拟定活动产品如图 5-7 所示。

图 5-7　产品选款

5.2.2 产品卖点提取

综合品牌、服务、性能、活动等方面特征，提取鼠标产品卖点信息如表 5-1 所示。

表 5-1 产品卖点信息

产品特性	小巧饱满、操控自如、超薄静音、无线有线、即插即用、移动性强、最佳伴侣、简约外观、灵巧时尚、随心操作……
产品应用场景	雅致办公、女神必备、商务办公、电脑通用……
促销与服务	30 天包退包换……
……	……

5.2.3 创意策划设计

要完成钻展创意，建议登录淘宝卖家中心，关注近期钻展创意排行榜，借鉴分析排位靠前的创意图方案，同时综合实际消费人群、产品卖点、使用场景等进行创意设计。常见钻展创意法则如表 5-2 所示。

表 5-2 常见钻展创意法则

法则 1	主题明确，素材清晰	明确推广主题内容，快速吸引有效点击
法则 2	构图合理，焦点突显	画面构图平衡，视觉焦点突出，直接吸引客户点击
法则 3	文案描述，吸引眼球	文案设计呈现产品核心卖点，吸引客户眼球
法则 4	色彩搭配，气氛浓烈	画面色彩搭配，促销氛围营造能有效提升点击率
法则 5	差异设计，获取高点击	直击客户痛点、痒点、兴奋点，获取高点击率

综合考虑暑期平台页面色彩以及夏天用户偏好清凉色彩的心理，设计人员采用了较清新的色彩填充背景。同时，为突显产品主体，采用了高清大图与大号字体进行创意组合搭配，备选方案草图如图 5-8 所示，通过讨论后再定稿制作。

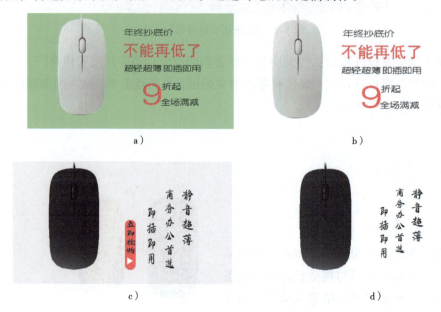

图 5-8 备选方案草图

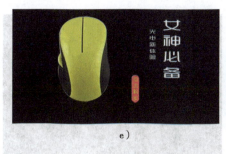
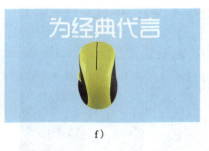

图 5-8　备选方案草图（续）

> **素养小贴士：** 创意——钻展的灵魂，设计的关键
>
> 　　创意是钻展的灵魂，创意图的优劣直接影响着投放效果。学习设计素描、设计色彩、设计构成等课程，是美工从业人员设计素养提升的关键路径，可以提高从业人员实践操作能力、设计能力、空间想象能力及审美与概括能力。设计素描课程，培养发现、观察、再现、表现对象的能力；设计色彩课程，培养色彩感知、色彩应用能力；设计构成课程，培养平面图形与空间形体的感悟及创造能力。

5.3　项目实施

　　根据钻展策划方案，进行素材采集、信息分层、项目实战等各项工作，选取带品牌 LOGO 的钻展图进行制作。

> **素养小贴士：** 提高信息素养　赋能高效工作
>
> 　　信息素养四要素包含信息意识、信息知识、信息能力、信息道德。信息意识是先导，信息知识是基础，信息能力是核心，信息道德是保证。作为未来的美工人员，应注重信息素养培养与提升，赋能高效工作；增强对同行优秀钻展作品的学习与借鉴，深度挖掘产品卖点信息、创意策划信息，实现钻展高点击率的目标。

5.3.1　素材采集

　　产品图素材：如图 5-9 所示，黄色显活泼轻快，象征光明、希望、高贵、愉快、温暖。左图清晰，产品图能客观真实呈现产品质感、光感、色彩、品质；右图产品模糊不清、有污点，看着似次品。因此选左图更好，能给用户带来更好的体验与信任。在互联网消费时代，图片素材质量是产品图创意的基础。产品拍摄前应搭设好场景，注意干净整洁，多角度拍摄多个样本，方便后期筛选，可大大降低图片处理工作量。

图 5-9　产品图素材

　　背景图素材：产品图主色调为姜黄色，选取如图 5-10b 所示的纯黑色填充图作为背景，能反衬突显简洁的商务氛围；图 5-10a 绚丽星空图色彩斑斓，严重干扰主体元素，不选。

图 5-10　背景图素材

5.3.2　信息分层

有限空间之内，各视觉要素务必精简，排列有序，素材清晰。信息分层如下：

第一层：图片——鼠标产品图、点击购买。
第二层：文案——女神必备。
第三层：文案——光电新体验。
第四层：图片——背景+背景渲染。

> **技能小贴士：**
>
> 　　钻展图获取视觉流量的关键是创意。在创意创作过程中应注意素材品质，禁用最高级别描述，合法合理引用品牌资质，禁止骗取点击，禁止夸大广告宣传，否则都会被平台拒绝。

5.3.3　项目实战

项目以制作 520×280 像素尺寸的钻展图为目标，主要工作任务为创建黑色背景、制作产品图、设计文案等，效果如图 5-11 所示。

钻展图制作

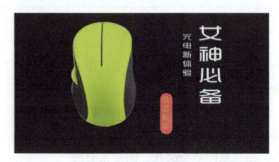

图 5-11　效果图

技能准备： 文件基本操作、文件置入、自由变换、图层基本操作、颜色填充、形状绘制工具。

素材准备： 产品图 .PSD、时尚中黑简体 .TTF。

操作步骤

步骤1：创建黑色背景。

（1）新建文件。按 Ctrl+N 键，在"新建"对话框中设置宽 520 像素、高 280 像素，颜色模式 RGB，分辨率 72 像素/英寸，背景内容透明。

（2）图层命名。单击选中"图层1"，执行右键快捷菜单"图层属性"命令，设置图层名称为"黑色背景"。

（3）填充黑色。设置前景色为黑色，按 Alt+Delete 键进行填充。

步骤2：制作产品图。打开"产品图 .PSD"，应用移动工具移动至目标文件并调整位置与大小至合适，如图 5-12 所示。

图 5-12　添加产品图

步骤3：设计文案。

（1）输入文案并调整属性。设置前景色为白色，应用直排文字工具输入文本"女神必备""光电新体验""点击购买"。设置字体为时尚中黑简体，字号 35 点、15 点、15 点，颜色为白色、白色、黄色，如图 5-13 所示。

（2）创建新图层。选中图层"点击购买"，按 Ctrl+Shift+N 键，设置新建图层名称为"红色圆角矩形"。

图 5-13　输入文案并调整属性

（3）绘制红色圆角矩形。设置前景色为红色，应用圆角矩形工具，在选项栏中设置"填充像素"选项，拖拽鼠标绘制圆角矩形，如图 5-14 所示。

图 5-14　绘制红色圆角矩形效果

（4）使用移动工具将图层对象移动至合适位置，完成最终效果，如图 5-15 所示。

图 5-15　调整位置

技能小贴士：

图片中的"点击购买"按钮起到加强客户行为引导、提升点击率的作用。

5.4 测试保存

仔细浏览图片各要素并调整细节至最佳状态。按 Shift+Ctrl+S 键，设置文件名为"钻展图"，存储文件类型为 PSD 格式、JPG 格式、PNG 格式。

项目评价

钻展图策划设计评价，请参考表 5-3。

表 5-3 钻展图策划设计评价表

序号	评价内容	评分标准	评分分值	得分
1	推广主题	明确清晰，图片识别性强	25 分	
2	构图设计	焦点突出，画面平衡	20 分	
3	文案设计	精准到位，体现核心卖点	25 分	
4	色彩搭配	合理和谐，突显焦点	20 分	
5	总体效果	有显著特色的创意图可适当加分	10 分	
		合计	100 分	

项目小结

钻展是一种淘宝页面付费广告，按千次展现收费。在同等展现量情况下，点击量越高，点击率就越高，单次点击成本就越低。因此，通过色彩、构图、文案等方式创意设计钻展图，获取流量与转化率，是视觉设计的关键。本项目以鼠标产品钻展图为载体，旨在让学生熟悉钻展图的位置、分类、尺寸等项目基础知识；通过营销信息设计、卖点提取、创意策划等训练学生钻展图策划的方法与技巧；通过素材采集、信息分层、项目实战等项目实施流程，训练学生钻展图创作实战技能技巧。

改进训练

请为罗技官方旗舰店的一款商务鼠标单品钻展推广图进行改进优化，改进前后效果如图 5-16 所示，具体工作任务如下：

（1）背景改进。将背景层填充为白色。

（2）LOGO 优化。将 LOGO 与店铺名称置于画面左上角位置。

（3）产品图优化。适当调整产品图片宽度、高度、角度。

（4）卖点优化。将文案"即插即用"加粗并加大字号，添加剪贴蒙版（图片名称：大红背景 .JPG）；其余卖点文案字号稍小，字号统一并设置对齐。

（5）整体优化。微调各个细节元素的大小和位置等参数，完成最终效果。

（6）文件保存并导出。格式存为单品钻展 .PSD、单品钻展 .JPG。

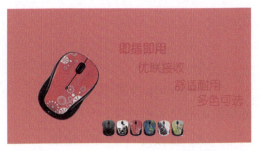

图 5-16　钻展图改进前后效果

同步训练

独立完成新款无线蓝牙鼠标钻展图制作，效果如图 5-17 所示，具体工作任务如下：

（1）白色背景创建。新建文件尺寸为 520×280 像素，72 像素/英寸，背景色为白色，RGB 模式。

（2）置入图片并调整参数。将鼠标主体图片、LOGO 置入，并设置合适尺寸、位置等参数。

（3）输入卖点文案并设置属性。输入文本信息，并设置合适的字体、字号、字间距。

（4）保存导出文件。

图 5-17　效果图

拓展训练

团队协作完成单品钻展图策划设计，主题为"智能手机"。要求最终完成的手机钻展图有创意、构图平衡、色彩和谐、卖点突出，达到产品营销与推广目标，尺寸为 520×280 像素，具体关键任务如下：

（1）素材采集制作：与主题相关、高清，能突显与渲染主题。

（2）信息分层设计：营销主体占据视觉中心，构图设计平衡，色彩搭配和谐。

（3）实战技能训练：综合运用图片处理技能技术。

（4）优化合成测试：不断调试优化效果图以达到最优。

（5）保存导出文件：智能手机 .PSD、智能手机 .JPG。

（6）互动交流：上传作品至指定学习平台，作品评价评分。

理论测试

一、单选题

1. Photoshop 环境中，新建图层的快捷键为（　　）。

　　A．Ctrl+F　　　B．Shift+N
　　C．Ctrl+N　　　D．Ctrl+Shift+N

2. Photoshop 环境中，背景色填充的快捷键为（　　）。

　　A．Ctrl+Del　　B．Alt+Del
　　C．Shift+Del　　D．Alt+Shift

3. 文案设计重在宣传品牌、（　　）、营销活动、创意设计、幽默吸睛。

　　A．用户兴奋点　B．用户痒点
　　C．用户痛点　　D．互利共赢

4. Photoshop 环境中，放大视图的快捷键为（　　）。

　　A．Ctrl+1　　　B．Ctrl+F
　　C．Ctrl+F4　　　D．Ctrl++

5. Photoshop 环境中，通过（　　）滤镜组中分层云彩效果。

　　A．视频　　　　B．渲染
　　C．艺术效果　　D．素描

二、判断题

1. 钻展是一种淘宝首页付费广告，按展现量收费，以千次展现计费。（　　）

2. 同等展现量情况下，点击率越高，单次点击成本就越高。（　　）

3. 钻展推广有单品推广、店铺活动推广、品牌推广 3 种。（　　）

4. 钻展文案要求简练扼要，能快速到达用户内心。（　　）

5. 高点击率与高转换率，是钻展图视觉策划设计的重中之重。（　　）

项目 6

产品主图策划与制作

6.1 项目基础

6.2 项目策划

6.3 项目实施

6.4 项目上传

【项目描述】

某运动品牌店铺以批发零售中小型健身器械为主。暑期为中小学生健身减肥热季,是备战中考体育的有利时期。跳绳是中小学生喜爱的健身减肥运动,也是JH市体育中考选考项目之一。运营部门与视觉策划部门立足解决中考用户群痛点视角,选取电子计数跳绳产品,逐步完成策划流程、信息分层、设计原则、场景策划、视觉策划等项目策划工作,然后实施素材采集、项目实战、测试优化等工作任务,以提升产品搜索自然流量及转化率。通过本项目的学习,要求学生掌握产品主图相关理论知识,能够完成主图策划实施等操作。

知识目标：

◎ 熟悉主图的作用、规范、类型、位置。

◎ 了解策划流程、信息分层、设计原则、场景策划、视觉策划方法。

技能目标：

◎ 能根据需求单完成素材采集与创作。

◎ 能根据策划方案设计实施主图。

素养目标：

◎ 通过主图策划任务实施，提升学生自主探究能力，培养团队协作精神。

◎ 通过主图制作任务实施，培养学生精益求精的工作态度、笃行务实的工作作风。

6.1 项目基础

主图，是呈现产品关键信息的图片，主要出现在产品详情页面展示区、产品搜索页面展示区，是产品最重要的展示窗口，承担引流与流量转化的功能。

产品详情页主图短视频与系列静态主图如图 6-1 框中所示。

图 6-1　产品详情页

在淘宝平台上，搜索页面设有"掌柜热卖"标签展示区，称为直通车区域，产品图称为直通车图。有创意、高品质的直通车主图是获取流量的主要途径，单品直通车图链接至产品详情页，目标为单品引流与转化，如图 6-2 所示。

项目6 产品主图策划与制作

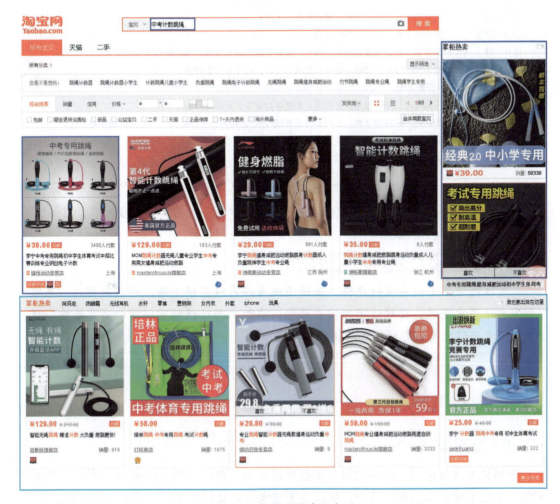

图6-2 搜索页面直通车图

> **职场小贴士：** 直通车推广，精准引流
>
> 直通车主图，是指在搜索页面最优位置展示产品的一种图片，一般情况下免费展现，只有当买家点击了才付费。它是最常见的付费推广工具之一，精准度高，见效快，操作简易。其点击率的高低反映了买家对产品的关注程度。卖家可根据后台提供的计划向导完成设置，关键步骤包含推广方式选择、投放设置、单元设置、添加关键词、关键词出价等。

主图承载了产品功能、颜色、款式、外观、材质、资质等卖点信息，主图设计的专业性与视觉吸引力将直接影响店铺点击率和转化率。因此，卖家应综合考虑电商平台规范与行业标准，精选优选素材，创作差异化创意主图，实现精准定位、精准展现，吸引目标用户点击。主图规范如表6-1所示。

表 6-1 主图规范

文案设计	客观清晰传达商品属性、促销信息,不得夸张
LOGO 规范	置于左上角,大小为主图 1/10 左右
图片形状	正方形。如提交其他形状的图片,系统自动处理为方形,导致图片变形或信息丢失
图片尺寸	800×800 像素～1200×1200 像素或以上时,具有放大镜功能
图片数量	5 张静态图
内容展示	不同维度、不同视角信息展示,如整体与细节、正面与侧面等
媒体形式	静态图、短视频 2 种。短视频时长 60 秒左右,宽高比 1:1 或 16:9,格式为 MP4 等
图片质量	清晰、无噪点、色彩真实,避免拉伸或模糊,禁止留白、水印、拼接等
文件格式	文件大小≤500KB,支持 JPG、PNG、GIF 格式

天猫、京东、淘宝等电商平台对第三方店铺商品主图设计有各自的规范与要求;服饰、玩具、母婴用品、保健品、珠宝首饰等不同行业有各自的一套行业标准,具体细节与规范可以查看后台要求。

素养小贴士: 遵守平台规范,提高转化率

天猫商城里主图要求较严格,主图违规商品将被直接下架。若同一商品,系统判定出现多次违规,将对该商品搜索降权。添加主图短视频可以增加产品权重,提高消费者停留时间,有利于产品转化。

6.2 项目策划

6.2.1 策划流程

策划基本流程包括:产品策划、主题场景策划、单张主图主题策划、单张主图视觉策划、单张主图视觉实现。其中,单张主图视觉策划又包括文案策划和视觉建议。

主图策划设计流程如图 6-3 所示。

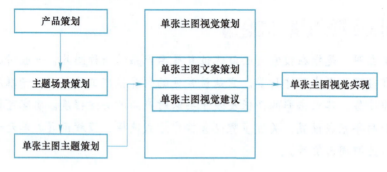

图 6-3 主图策划设计流程

6.2.2 信息分层

主图是根据卖家的产品特征及展示需要,对产品卖点、用户痛点的精炼浓缩,以吸引消费者注意力,提高点击率和转化率。通过消费行为分析,获取用户痛点信息、产品

卖点信息，完成主图场景策划方案。

根据常见 5 张主图展示重点，将品牌、用户痛点、产品功能、产品品质、产品促销、应用场景等信息分布到系列主图，每张主图中可以形成一个信息主题。主图中的 LOGO 能够起到快速识别、塑造和宣传品牌，吸引关注和消费的作用。

6.2.3 设计原则

点击率，是店铺对外展示能力的重要指标，高点击率意味着高转化可能，而能实现高点击率的主图通常自带强劲视觉冲击力。结合如图 6-4 所示的中考计数跳绳主图了解常见主图设计原则，如表 6-2 所示。

图 6-4 中考计数跳绳主图

表 6-2 主图设计原则

原则		说明
正向原则	主体优先	产品主体突出，具有极强场景感，属于标准化优质主图
	视觉冲击力	三角形构图方式，画面更具立体感，有很强视觉冲击力
	优选素材	图片素材是产品主图原始构成，是影响点击率的基本要素。要求主体素材清晰、辨识度高。红色产品视觉冲击力强，与黑色背景、女模特和谐相配，同时更显张力、活力与吸引力
	产品诉求	直观明了的产品诉求，更激发消费者点击欲望。产品核心部件为控制面板，同时以专业模特为背景，用关键词突显整图，呈现产品核心诉求，增加了价值传递
	环境差异化	充分考虑到展示环境差异化，产品更能从展示环境中突显。该主图以专业健身模特与产品相结合，与周围环境形成显著信息传达差异
	近景呈现	绳子手柄是该产品的核心部件，采用局部近景呈现，产品观感更强，更贴近消费者
负向原则	画蛇添足	有些主图基于场景或为营造氛围，刻意为产品主图加上背景或衬托内容，而背景与衬托主体之间没有强关联，令人不知所云，显得多余、牵强
	信息填充	卖家都希望向消费者传递尽可能多的信息，却使图片信息层次过多，主体不明显，视觉效果杂乱而缺乏吸引力，所以信息点不宜过多，力求简单、直白
	故弄玄虚	为了追求展示差异化或表现独特的设计，往往违反了主体优先的原则

6.2.4 场景策划

根据主图信息分层，规划出 5 张主图的主题，然后根据每张主图的主题策划视觉方案，主要包括文案策划、视觉建议。主图信息，如产品图、赠品、促销活动、功能卖点、品牌符号等，按照一定优先级别在主图中展示。

以中考、体育体能训练为用户目标群体，选取室内与绿茵场两个活动场景，功能上体现一绳多用，解决室内室外兼用问题；智能计数，解决跳绳运动时的计数难题。一绳多用可以通过不同模特和不同场景对比及产品配件细节图来体现；智能计数可以通过功能外观、内在细节放大展示来体现。

根据主图分层信息，对产品卖点进行细化，如表 6-3 所示。

表 6-3　产品卖点细化

功能性卖点	1. 计数功能：双向电磁，正反皆可计数，计数更准确；可记 9999 次 2. 空间要求：无绳跳绳，跳绳只需 1 平方米，不受地点约束，想跳就跳；换上长绳也可在室外跳绳 3. 计时功能：任意设置时间 1～60 分钟，每天 15 分钟轻松享"瘦" 4. 成绩显示：直观显示跳绳成绩，再也不用同学帮忙记数了
外观卖点	1. 多色：粉红色、湖蓝色、黑灰色 2. 双模式自动切换：无线有线自如切换
服务性卖点	1. 赠送无绳备用球，不受空间约束 2. 赠送长绳 3. 赠送电池、收纳袋、负重铁块、备用绳、螺丝刀 4. 包邮 5. 15 天无理由退换货，质量问题随便退、不是正品随便退、不喜欢随便退、不满意随便退

根据卖点信息分类、提炼，得到 5 张主图场景主题方案：突出外观与关键功能、突出计数科技细节、展示面板功能细节、展示含附件的产品主图、场景化突出一绳多用。

6.2.5　视觉策划

无绳跳绳的系列主图策划方案举例如表 6-4 所示。

表 6-4　系列主图策划方案

主图 1：突出外观与关键功能	主图 2：突出计数科技细节
	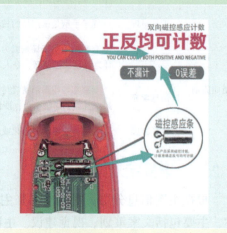
主题信息：计数功能、产品整体外观 配色：产品色为主体色，灰白色背景反衬 文案：文案信息点明主题；字号根据信息层次分层 场景：健身达人展现跳绳应用场景	主题信息：新技术、计数功能放大图，强调卖点痛点信息 配色：产品色为主体色，白色背景反衬 文案：文案信息点明主题；字号根据信息层次分层

（续）

主图3：展示面板功能细节	主图4：场景化突出一绳多用
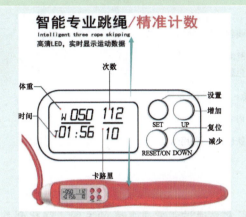	
主题信息：功能＋品质，面板放大图突出产品科技特点 配色：产品色为主体色，黑白渐变色背景、数控面板透明轮廓抽取效果，相互配合增强科技感 文案：文案信息点明主题；字号根据信息层次分层；红色字再次强调产品卖点，加强用户对产品优势信息的记忆	主题信息：应用场景图，通过两图对比，直观传达产品灵活的结构带来的使用空间自由 配色：以重心向外的黑白渐变色做背景，突出主体 文案：文案信息点明主题；字号根据信息层次分层
主图5：展示含附件的产品主图	
	主题信息：赠品、功能强调，突出产品组件短绳、长绳，隐含不受场景限制的产品特点 配色：产品色为主体色，白色背景反衬 文案：文案信息点明主题；计数信息重复在主图上出现，形成视觉重心，不断强化卖点存储

6.3 项目实施

6.3.1 素材采集

产品主图素材主要包含图片、视频、音频、字体等各种媒体素材。图片素材包括产品主体图、细节图、场景化背景等，主要来源为专业人士拍摄、网上下载、自行创作。在计数跳绳主图素材采集过程中，综合运用了各手法。为突显计数跳绳高科技感，突显精准计数功能，拍摄细节建议如表6-5所示。

表6-5 主图产品拍摄细节建议

类别	具体细节
拍摄角度	1. 产品图：有线款、无线款 2. 模特运动场景：有线款、无线款
款式	1. 不同模式：有线跳绳、无线跳绳 2. 不同色彩：嫩粉色款、湖蓝色款
细节	1. 计时器部件；2. 磁控感应条；3. 高清显示屏
实景	1. 室内；2. 室外；3. 办公室内
赠品	1. 收纳袋；2. 电池；3. 负重铁块；4. 备用绳

职场小贴士：公域与私域的素材关键

公域空间更多的是流量竞争关系，商家需要通过视觉重复式的主图，强化利益点获取主图高点击率；而店铺私域的商品是流量协同关系，整洁统一的视觉效果更利于品牌整体形象的打造，让商品均衡曝光，达到店铺全局效益最大化。

6.3.2 项目实战

本项目静态主图参数：宽800像素，高800像素，分辨率72像素/英寸，颜色模式RGB。

1. 主图短视频制作

任务描述 应用快剪辑软件完成主图短视频制作。核心流程为剪辑视频、保存导出两个环节，完成效果如图6-5所示。

图6-5 短视频效果

操作步骤

步骤1：运行快剪辑。双击快剪辑图标，运行程序界面如图6-6所示。

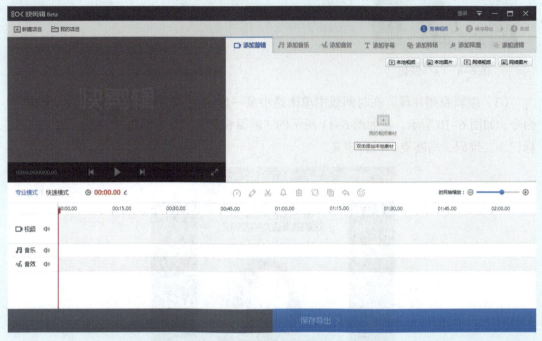

图6-6　快剪辑界面

步骤2：添加剪辑。

（1）导入系列图片。单击"本地图片"按钮，在打开的对话框中导入系列图片素材，效果如图6-7所示。

图6-7　导入系列图片素材

（2）添加素材至时间线。单击如图6-8所示的"+"按钮添加素材至时间线，依次单击所有素材的"+"按钮，直至素材全部添加至时间线，效果如图6-9所示。

图 6-8 "+"按钮

图 6-9 时间线

（3）编辑视频片段。在时间线中单击选中某一段视频，执行右键快捷菜单"编辑"命令，如图 6-10 所示。在如图 6-11 所示的"编辑视频片段"对话框中设置裁剪、贴图、标记、二维码、马赛克，可自定义。

图 6-10 "编辑"命令

图 6-11 "编辑视频片段"对话框

步骤3：添加音乐。

（1）添加音乐。单击"添加音乐"按钮，类别中选取"运动燃曲"系列中的"Young Punks"。

（2）音乐裁剪。将播放头调整至1分2秒位置，在音乐轨上执行右键快捷菜单"分割"命令，如图6-12所示，将音频一分为二。

（3）删除音频。选中1分2秒以外的音频，执行右键快捷菜单"删除"命令即可将其删除，使视频轨与音频轨时长统一，如图6-13所示。

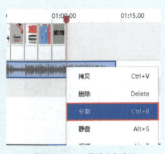

图6-12 分割音频

图6-13 时长统一

步骤4：添加音效。 单击"本地音效"按钮，打开素材库中"解说音频"文件，并导入添加至时间线。

步骤5：添加字幕。

（1）添加片头字幕。单击"添加字幕"按钮，选择"Vlog"选项中的第一项，单击"+"按钮添加至时间线。在"字幕设置"对话框中，编辑字幕内容为"中考计数跳绳，选索维尔"，字幕颜色蓝色，并置于页面底部，拖动字幕对象至时间线片头位置，如图6-14所示。

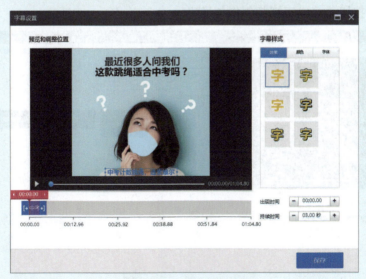

图6-14 片头字幕设置

（2）添加片尾字幕。与片头字幕设置方法相同，输入字幕内容，将其置于画面中心视觉焦点位置，拖动字幕对象至时间线片尾位置，如图6-15所示。

图6-15　片尾字幕设置

步骤6：添加转场。

（1）添加转场特效。单击"添加转场"按钮，播放头移动至目标位置，单击"+"按钮添加至时间线，在视频片段之间添加转场特效。

（2）编辑转场特效。单击选中视频轨中的某一个转场特效，通过右键快捷菜单可进行删除与更新。

步骤7：保存导出。根据向导，设置保存路径、文件格式、导出尺寸、视频比例、视频频率、音频质量等参数，如图6-16所示。设置特效片头为"无"，不加水印，单击"开始导出"按钮，完成短视频创作与导出。

图6-16　导出视频

> **素养小贴士：执着专注，追求卓越**
>
> 美工人员在设计制作产品主图的过程中，应秉持执着专注、精益求精、一丝不苟、追求卓越的工匠精神，做到产品卖点提炼有亮点、信息分层逻辑清晰、场景策划体现优先级、参数设置准确无误、素材选取辨识度高，从而实现用户体验良好的商务视觉传动，建构高效率的电子交易流程。

2. 质感主图制作

任务描述　应用 Photoshop 完成质感主图制作。核心工作任务为创建黑色背景、置入产品图、制作产品图倒影、置入模特素材图、置入LOGO、创建文案区、编组保存等，效果如图 6-17 所示。

质感主图制作

图 6-17　效果图

技能准备： 文件基本操作、文件置入、自由变换、文字工具应用、颜色填充、图层蒙版、渐变工具应用、图层基本操作、组基本操作。

素材准备： LOGO.PSD、产品图.PSD、模特.PSD、方正兰亭中粗黑_GBK.TTF、方正正中黑简体.TTF。

操作步骤

步骤 1：创建黑色背景。新建文件，宽 800 像素，高 800 像素，并将背景设置为黑色。

步骤 2：置入产品图。置入指定文件夹下"产品图.PSD"，拖动控点调整对象至合适位置与大小，效果如图 6-18 所示。

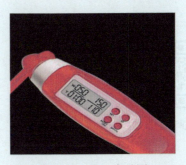

图 6-18　置入产品图

步骤 3：制作产品图倒影。

（1）创建"产品图"副本。移动图层"产品图"至图层面板底部"创建新图层"按钮 ，完成图层"产品图副本"创建。

（2）调整对象属性。移动"产品图副本"对象至左下方合适位置，按 Ctrl+T 键调整对象大小、位置、角度等属性至合适，如图 6-19 所示。

图 6-20 产品倒影效果

中设置黑白线性渐变。选中"产品倒影"蒙版层，斜向上拖拽鼠标若干次直至达到满意效果，效果如图 6-20 所示。

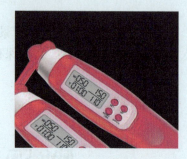

图 6-19 调整"产品图副本"对象

（3）修改图层名称。单击图层"产品图副本"，执行右键快捷菜单"图层属性"命令，设置图层名称为"产品倒影"。

（4）添加图层蒙版。选中图层"产品倒影"，单击图层面板底部"添加图层蒙版"按钮 。

（5）为蒙版图层设置黑白线性渐变。选中蒙版图层，单击渐变工具，在选项栏

步骤 4：置入模特素材图。

（1）置入指定路径下"模特 .PSD"并调整至合适位置与大小。

（2）调整图层顺序。选中并拖拽"模特"图层至"产品图"图层下方。

步骤 5：置入 LOGO。 置入指定文件夹下"LOGO.PSD"并调整至合适位置与大小。

步骤 6：创建文案区。 输入文本信息"PRECISE COUNTING""精准计数""不漏计 不多计"，分别设置为方正兰亭中粗黑、方正正中黑简体、黑体，字号 25 点、85 点、35 点，颜色为白色，完成最终效果。

步骤 7：编组并保存文件。 全选系列图层并编组，存储文件并设置文件类型。

3. 细节主图制作

任务描述 应用 Photoshop 完成细节主图制作。核心工作任务为创建白色背景、置入细节素材图、创建卖点文案区、创建细节展示区、编组保存等，效果如图 6-21 所示。

细节主图制作

图 6-21 效果图

技能准备： 文件基本操作、置入文件、描边、文字工具应用、圆角矩形工具应用、水平翻转、图层基本操作、椭圆选区工具应用、直线工具应用、组基本操作。

素材准备： 产品磁控感应内部结构 .PSD、磁控感应条 .PSD。

操作步骤 详见二维码视频。

4. 赠品主图制作

任务描述 应用 Photoshop 完成赠品主图制作。核心工作任务为创建白色背景、创建文案区、置入图片素材、创建赠品区、编组保存等，效果如图 6-22 所示。

赠品主图制作

图 6-22　效果图

技能准备： 文件基本操作、颜色填充、置入文件、文字工具应用、椭圆工具应用、图层基本操作、组基本操作。

素材准备： 跳绳产品素材 .PSD、赠品 .PSD。

操作步骤 详见二维码视频。

5. 附件主图制作

任务描述 应用 Photoshop 完成附件主图制作。核心工作任务为创建白色背景、创建图片展示区、创建文案区、创建粉色分割线、编组保存等，效果如图 6-23 所示。

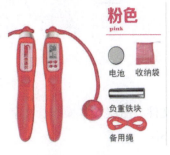

附件主图制作

图 6-23　效果图

技能准备： 文件基本操作、颜色填充、置入文件、文字工具应用、图层基本操作、组基本操作。

素材准备： 无绳跳绳 .PSD、收纳袋 .PSD、电池 .PSD、负重铁块 .PSD、备用绳 .PSD。

操作步骤 详见二维码视频。

6. 模特示范主图制作

任务描述 应用 Photoshop 完成模特示范主图制作。核心工作任务为创建白色背景、创建卖点区、置入素材、编组保存等，效果如图 6-24 所示。

图 6-24　效果图

技能准备：文件基本操作、置入文件、文字工具应用、圆角矩形工具应用、图层基本操作、组基本操作。

素材准备：无线跳绳模特 .PSD、有线跳绳模特 .PSD、方正正中黑简体 .TTF。

操作步骤 详见二维码视频。

7. 卖点主图制作

任务描述 应用 Photoshop 完成卖点主图制作。核心工作任务为创建白色背景、置入模特素材并调整属性、创建卖点文案区、置入产品图素材、编组保存等，效果如图 6-25 所示。

图 6-25　效果图

技能准备：文件基本操作、置入文件、图层基本操作、文字工具应用、组基本操作。
素材准备：模特 .PSD、产品图 .PSD。
操作步骤 详见二维码视频。

6.4　项目上传

适当调整各主图的色彩搭配与版式构图，可生成不同版本方案。主图项目上传步骤详情见项目 7 "产品详情页策划与制作"。

项目评价

静态主图设计、主图短视频设计评价，请参考表 6-6、表 6-7。

表 6-6　静态主图设计评价表

序号	评价内容	评分标准	评分分值	得分
1	主题定位	准确清晰，具有场景感	30 分	
2	内容策划	主体突出，辨识度高，激发消费者点击	30 分	
3	视觉搭配	冲击力强，差异化明显	30 分	
4	总体效果	综合评价	10 分	
		合计	100 分	

表 6-7　主图短视频设计评价表

序号	评价内容	评分标准	评分分值	得分
1	内容策划	内容健康，贴合产品，紧扣主题	30 分	
2	音效设计	音质流畅，切合主题，烘托气氛	25 分	
3	视频实现	音画同步，搭配得当，衔接流畅	35 分	
4	整体效果	渲染主题，升华内容，赋予产品高附加值	10 分	
		合计	100 分	

项目小结

主图是产品最重要的展示窗口，承载了产品功能、款式、外观、品质等卖点信息，承担着引流与流量转化功能。主图是详情页的精华所在，它决定了点击率。本项目以中考计数跳绳产品主图为项目载体，旨在让学生了解主图位置、规范要求等理论知识；通过策划流程、信息分层、设计原则、场景策划、视觉策划等内容训练学生主图策划的方法与技巧；通过素材采集、项目实战等实施流程，训练学生短视频创作、静态主图创作实战技能技巧。

改进训练

为七色活力运动专营店"儿童健身浸塑哑铃"主图进行改进优化，改进前后图如图 6-26、图 6-27 所示，具体工作任务如下：

（1）背景模糊。为健身场景图添加高斯模糊滤镜。

（2）产品图层添加蒙版。为产品图添加蒙版，使其与场景融合更自然。

（3）产品名称设置。设置文本"儿童健身浸塑哑铃"字体为"时尚中黑简体"，颜色为玫红色，字号为 80 点，适当调整文本角度。

（4）输入卖点文案并调整属性。输入卖点文案"安全 环保 无味 舒适"，设置字体为"时尚中黑简体"，字号为 35 点，并设置文本倾斜；添加白色圆角矩形型形状，将其置于文本图层下层。

（5）整体优化。微调各细节元素大小和位置等，完成最终效果。

（6）文件保存导出。格式存为儿童健身浸塑哑铃 .PSD、儿童健身浸塑哑铃 .JPG。

图 6-26　改进前主图

图 6-27　改进后主图

同步训练

独立完成 YZ 户外专营店跳跳球卖点主图制作 1 张，效果如图 6-28 所示。具体工作任务如下：

（1）白色背景创建。新建文件尺寸 800×800 像素，分辨率 72 像素 / 英寸，RGB 模式，背景色白色。

（2）产品名称信息输入。应用横排文本工具输入文本信息"儿童 / 成人跳跳球"，设置字体为时尚中黑简体，字号 85 点，颜色为蓝色（R22，G93，B202）。

图 6-28　最终效果图

（3）置入产品图片并删除背景。置入相关路径下产品图片文件，栅格化智能对象，删除产品图背景，并调整至合适位置与大小。

（4）影子信息绘制。新建图层，设置前景色为浅灰色，单击画笔工具，设置"柔边圆"，并调整至合适大小。在图像窗口中单击绘制柔边圆，按 Ctrl+T 键调整至合适大小，设置不透明度 50%。

（5）卖点信息输入与设置。输入卖点文本信息"健康材料""锻炼平衡""活跃大脑""强身健体"，设置字号 50 点，颜色为蓝色。

（6）自定义形状输入。新建图层，自定义形状工具，绘制"已选中复选框"形状并调整属性。复制 3 个并移动至合适位置。

（7）场景渲染信息绘制。新建图层，设置画笔颜色为亮黄色（R234，G248，B11），绘制黄色圆并调整大小、位置等属性，同理绘制玫红色圆并调整属性。

（8）保存导出文件。格式存为跳跳球主图 .PSD、跳跳球主图 .JPG。

拓展训练

2 人团队合作完成"美妆洗护"主题主图短视频策划设计与制作,产品自选。最终要求完成的主图短视频播放流畅,画质清晰,核心卖点突显,禁止从网上直接下载或抄袭,完成表 6-8 的填写。关键任务如下:

(1)拍摄场景:背景干净明亮,准备纯色幕布或干净桌布,拍摄场地光线充足,画面稳定。

(2)拍摄剪辑:手机或单反相机拍摄,应用 Premiere、爱剪辑、剪映、快剪辑或各种视频拍摄剪辑类 APP 进行剪辑。

(3)背景音乐/配音:语音解说条理清晰,响亮纯正,能准确传达产品功能、使用、制作等卖点信息。背景音乐轻松欢快,能烘托产品主题。

(4)内容要求:突出产品卖点,以功能、制作、使用、特点、细节、效果展示为主,要求 5 秒内进入主题。

(5)视频清晰度:720P 高清及以上。

(6)尺寸要求:16:9 / 3:4 / 1:1,建议 3:4。

(7)时长控制:60 秒以内,建议 9 ~ 30 秒。

(8)文件大小:小于等于 3M。

(9)文件导出:MP4 格式,名称命名为"姓名 + 主题"。

(10)分享交流:将短视频分享至互动平台,并进行自评、互评。

表 6-8 主图短视频创作

产品名称	
产品卖点	
拍摄场景	
拍摄工具	□手机　　　□单反相机
剪辑工具	□ Premiere　　□爱剪辑　　□剪映　　□快剪辑 其他工具 _____
解说词文本	
解说词录制	□录音机　　□ Audition　　其他工具
背景音乐	风格　　　　　　　　　　曲名
视频合成关键流程	
短视频关键画面	
短视频文件大小	
效果自评	

理论测试

一、填空题

1. ＿＿＿＿是搜索流量的主要入口，同时也是影响跳失率的重要因素。

2. 主图是＿＿＿＿精华所在，它决定了＿＿＿＿。

3. ＿＿＿＿是主图的细化与补充，详情决定了＿＿＿＿。

4. 主图是根据卖家对产品特征及展示需要，对＿＿＿＿、＿＿＿＿的精炼浓缩，以博取消费者眼球，提高点击率和转化率。

5. 从信息分层视角，主图类型有＿＿＿＿、＿＿＿＿、＿＿＿＿、＿＿＿＿、＿＿＿＿图等。根据主图展现形式，主图类型有＿＿＿＿、＿＿＿＿。

二、判断题

1. 在 Photoshop 图层面板中，双击某图层标签名称即可修改图层名称信息。（   ）

2. 在蒙版层中，运用白色画笔可以隐藏图层信息，运用黑色画笔可显示图层信息，运用灰色画笔可设置半透明图层信息。（   ）

3. 主图短视频承载的信息比静态主图丰富，因此时长越长越好。（   ）

4. 通过图层样式可以快速制作各种各样的质感、光影、立体效果。（   ）

5. 在 Photoshop 滤镜菜单中，"撕边"是素描滤镜组中的内容。（   ）

项目 7
产品详情页策划与制作

7.1 项目基础

7.2 项目策划

7.3 项目实施

7.4 项目上传

【项目描述】

在确定产品整体营销方案及主图策划案后,运营部与视觉策划部为进一步提升转化率、提高客单价,还需同步更新产品详情页。针对活动及活动主体对象,围绕产品主图策划,团队就产品详情页逻辑框架进行了重新规划、设计与制作。常见详情页板块包含活动海报、产品卖点、产品展示、功能展示、细节展示、资质板块、服务板块、链接导航等。通过本项目的学习,要求学生熟悉详情页理论知识,能够完成详情页策划方案,并熟练掌握详情页实战技能技巧。

知识目标：
◎ 熟悉详情页的位置、作用、构成。
◎ 了解产品卖点提取、逻辑结构设计、内容详情策划的方法。

技能目标：
◎ 能够进行产品卖点挖掘与提取。
◎ 能够进行详情页逻辑结构设计、详情内容策划。
◎ 能够完成详情页制作。

素养目标：
◎ 通过详情页设计任务实施，培养学生务实求真、诚信服务的工作精神，培养文化自信与传承自觉。
◎ 通过详情页制作任务实施，培养学生敬业、精益、专注、创新的工作态度。

7.1 项目基础

详情页是消费者进入产品页后最直接的营销导购页面，是主图的细化与补充，承载了店铺活动、产品卖点、外观尺寸、材质细节、资质实力等产品与店铺详情信息，决定了转化率，是订单能否达成的重要影响因素。

场景主题是产品详情页策划设计的源泉；产品卖点设计与提取是详情页策划的重点，逻辑结构设计、整体布局设计等是详情页设计的基础；文案、素材、构图、质感、场景氛围营造等要素是视觉设计与图片实现的前提。

活动背景：索维尔旗舰店准备于本年度6月提前策划推出"超级运动会"主题活动，迎接即将到来的夏天运动季，以此回馈店铺新老客户，集聚人气，并以爆款带动整体店铺的流量与销量，活动信息如表 7-1 所示。

表 7-1 产品营销活动方案

活动名称	超级运动会
活动时间	7月18日—7月20日
活动内容	年中底价 满就减 提前领取优惠券 提前加购物车 赠送无绳备用绳，不受空间约束

7.2 项目策划

详情页策划流程如下：

1. 竞店竞品调研

通过调查了解平台内竞店竞品情况，重点解析竞品详情页获取诉求点；通过 SWOT（Strengths 优势、Weaknesses 劣势、Opportunities 机会、Threats 威胁）分析法找准商品营销切入点，针对新品、爆款、促销品等不同产品类型做出不同的卖点设计；通过分析消费者行为偏好，开展精准营销。

2. 商品卖点设计

运用 FABE 法则提炼卖点。F（Feature），指产品或服务的特征、特点。从产品名称、原料、产地、工艺等物理属性挖掘产品内在属性，寻求差异化。A（Advantages），指产品或服务的优点、优势。与竞品相比，充分挖掘产品优势，佐证消费者"购买的理由"。B（Benefits），指产品或服务的优点、特性能够给消费者带来的好处，引发消费者联想，诱发消费者情感意识。E（Evidence），指国家和行业相关部门认可的证书、消费者的评价等佐证产品或服务优于竞品的支撑材料，即消费者信任与购买理由。

卖点提取维度是产品、竞品、客户，商品卖点提取是后期设计制作图片的基础。成功的卖点具有简洁性、高聚焦、持续性、一致性等特征。

3. 产品设计分析

从产品视角看，有标品、非标品；从销售情况看，有高复购、无复购；从上架运营周期看，有上新产品、优化产品等。

一个运营周期内，产品上新与产品优化是两个阶段，产品上新是数据初始化阶段，更多地考虑静态数据；产品优化是根据实际运营数据进行产品描述的改进，更多地考虑用户的动态体验。

4. 文案策划设计

文案是详情页设计的重点，通过文案描述，激发消费者对商品的购买欲望，促进成交。目标用户购物习惯影响着卖点文案调性，需求决定呈现。

文案策划内容构成包括产品差异化优势、产品情感营销、买家痛点挖掘。

7.2.1 产品卖点设计

1. USP 理论

USP（Unique Selling Proposition 独特销售主张），俗称卖点。它最初是美国达比斯广告在 20 世纪 60 年代提出的经营理念，广泛用于广告界。电商界的痛点分析法即建构于 USP 理论基础之上。USP 的特点如下：

（1）强调利益或功效，每条广告必须向消费者陈述一个主张。

（2）主张必须独特，可以解决特定用户痛点，可为品牌独特性，或竞争者未提出的、无法实现的。

（3）主张一定要强有力地打动高数量级消费者，吸引新消费者使用产品。

（4）具体标准说明是卖点提炼与文案写作的重要方法，带给消费者信任感。

USP 经典应用案例：乐百氏（27 层净化水）、金龙鱼（1:1:1）、白加黑（治疗感冒，黑白分明)、舒肤佳(除菌)、脑白金(今年过节不收礼,收礼只收脑白金)、农夫山泉(农夫山泉有点甜)、农夫果园(喝前摇一摇)……

2. 案例分析

在电子商务中,用户查看商品详情时具有较明显的网络行为,即浏览快速,因此更适用卖点式详情表述方法。卖点分析建构在用户痛点、产品功能点、服务点等基础之上。以中考用户使用索维尔无绳跳绳产品为主题场景,痛点、卖点分析如表7-2所示。

表7-2 索维尔无绳跳绳痛点、卖点分析

痛点	功能点
①无人计数	①电子计数
②计数不准	②电子计数比机械计数更精确
③不能计时	③设置时间1~60分钟;1分钟倒计时
④场地限制	④有绳无绳切换方便
⑤绕绳打结	⑤双向磁控,采用精钢轴承,顺畅不打结不绕绳,转速更快
⑥手柄打滑	⑥流线型设计,握柄手感舒适硅胶,握感更舒适又防滑
其他功能点	
①加重硅胶球	②内置配重铁块
③正反计数	④卡路里计算
⑤送大容量电池	⑥1分钟倒计时
⑦灵活调节绳子长度	⑧颜色:湖蓝色、嫩粉色、技术灰
卖点	
①特为中学生研发升级:1分钟倒计时	②计数更精准:双向磁控,正反都可以计数,电子磁控计数保证不漏计
③手柄配负重铁块:双向磁控,加强手臂力量练习,提升跳绳成绩,跳得更快、更多	④送大容量电池:为中考准备,特地加大了电池的容量,再送备用电池一颗
⑤切换无绳跳绳:换上无绳跳绳,在家里也能轻松锻炼且不会影响他人	⑥用计数跳绳:不用专心计数,跳绳轻松愉悦
⑦为自己设定目标,轻松达到瘦身目标	⑧电子计数,可记9999次,内视图展示强力技术
⑨计时功能:设定时间,自定义锻炼计划	⑩模拟真无绳绳感,再现硅胶手柄,内置配重铁块
⑪无绳跳绳更方便:安全方便占用空间小,不受地点约束,不绕绳不担心打到身上	⑫无绳跳绳不受天气影响,全天候执行锻炼计划
⑬外观:色彩引力,运动美学	⑭配件展示
⑮面板综合展示产品功能,产品使用说明	

> **职场小贴士:** 务实求真,诚信服务
>
> 在互联网空间,访客通过图片等媒体信息感知产品的形状、尺寸、颜色、重量、品质等产品属性信息。作为合格的美工人员,要求坚持实事求是,真实拍摄产品与模特,真实宣传品牌与产品,做到不夸张、不虚假、不盗图、不失真,真诚提供贴心的服务。

7.2.2 逻辑结构设计

产品详情页是提高转化率的入口,它不仅需要消除消费者疑虑,激发其消费欲望,

促使其下单，同时还要传达品牌信息，树立品牌信任感，完成从点击流量到有效流量再到忠实流量的质转化。遵循消费者浏览信息逻辑，可以按照产品说明逻辑、故事引入逻辑、购物心理逻辑等方法进行详情页结构规划。

AIDMA 模型，是美国广告学家 E.S. 刘易斯于 1898 年提出的消费者行为学领域成熟的理论模型之一，是广告创意与制作的杠杆指导。消费者行为的 5 个关键阶段为引起注意（Attention）、产生兴趣（Interest）、激发欲望（Desire）、强化记忆（Memory）、购买行动（Action），如图 7-1 所示。

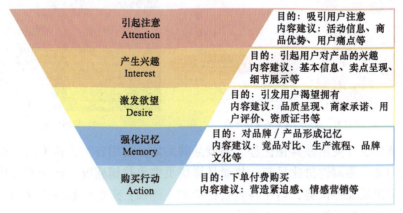

图 7-1　AIDMA 模型

常见的产品详情类型有开门见山型、引导渐入型、场景氛围营造型、痛点卖点型、功能说明型、侧重服务型等。详情的一个版面或一屏，类似于 USP 理论中的一个广告，每个版面最好都有一个卖点或一个观点。

以中考计数跳绳为例，解析其详情逻辑如表 7-3 所示，以问题为导引，引出产品卖点，映射用户痛点，一个版面展现一个主题，视觉焦点突出，信息传达清晰。

表 7-3　中考计数跳绳详情逻辑案例

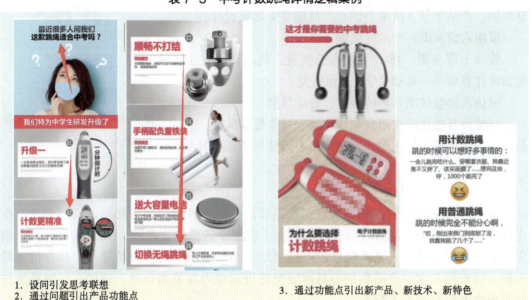

1. 设问引发思考联想
2. 通过问题引出产品功能点
3. 通过功能点引出新产品、新技术、新特色

（续）

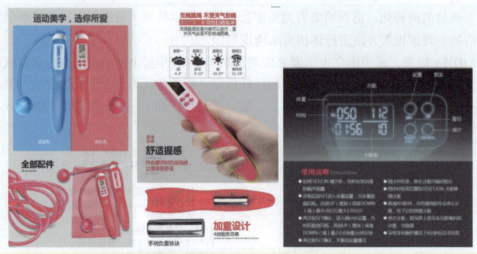

4. 新技术、新产品带来的全新体验　　　　5. 使用说明

新品详情页设计突出差异化优势，强调品牌品质，运用各类营销方式；促销品详情页突出活动力度，强调性价比呈现；热卖品详情页突出热销盛况，强调商品优势；常规商品详情页突出功能性优势，运用各类营销活动。例如：索维尔旗舰店暑期运动会主题无绳跳绳详情页逻辑结构如图 7-2 所示。

模块一海报图：运动会活动海报，主形象海报。

模块二卖点图：产品优势 2 个，精准计数、有线无线自如切换。

模块三展示图：产品参数图、产品展示图、模特展示图。

模块四功能图：无绳跳绳更方便、无绳跳绳随时可跳、倒计时 1 分钟功能。

模块五细节图：产品细节 1 精确电磁、产品细节 2 高清显示屏、产品细节 3 防滑手柄、产品细节 4 加重设计。

模块六资质图：产品资质保证。

模块七服务图：15 天无理由退换货、跳绳训练方法、跳绳训练注意事项、运动美学 / 选你所爱。

模块八链接区图：热销推荐、分类导航。

详情页各模块间常用分割线连接，具体根据风格、产品、品牌、主题进行个性化设计，也可略去或使用隐形引导线。

图 7-2　暑期运动会主题无绳跳绳详情页逻辑结构

7.2.3　内容详情策划

常见详情页内容包含基本信息、产品展示、细节展示、卖点展示、商品对比、生产流程、资质证书、实力展示、品牌文化、店家承诺、包装展示、Q&A 问答、关联销售等若干模块。其中，基本信息、产品展示、细节展示、卖点展示等是产品详情基础模块，可根据卖家、产品类别等具体情况进行详情内容策划设计。例如：计数跳绳详情页板块策划如表 7-4 所示。

表 7-4　计数跳绳详情页板块策划

图片	说明
	主题：海报图——运动会活动海报 场景：运动场景 视觉信息：绿茵场、橙色剪影、活动主题、活动优惠
	主题：海报图——主形象海报 场景：模特展示 视觉信息：产品图、运动模特、活动、产品卖点、用户痛点等文案信息
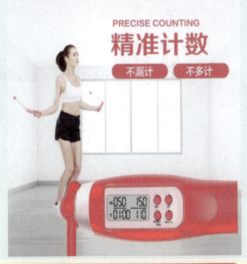	主题：卖点图——产品优势1：精准计数 场景：室内场景，模特展示，呈现室内跳绳的背景 视觉信息：室内场景、跳绳模特、精准计数相关的产品细节图和文案等
	主题：卖点图——产品优势2：有线无线自如切换 场景：纯白背景的产品细节特写 视觉信息：有线无线自如切换功能相关的产品细节图和文案等

（续）

主题：展示图——产品参数
场景：纯白背景，产品细节参数
视觉信息：产品完整图、产品系列参数、跳绳剪影等

主题：展示图——产品展示
场景：突出两种产品的对比
视觉信息：无绳跳绳图、有绳跳绳图、对比文案

主题：展示图——模特展示
场景：模特展示
视觉信息：无绳跳绳模特图、有绳跳绳模特图

主题：功能图——无绳跳绳更方便
场景：突出随时跳的多场景
视觉信息：无绳跳绳模特图、办公室/卧室/阳台等场景、突出无绳跳绳更方便的不同文案

项目7　产品详情页策划与制作

（续）

主题：功能图——无绳跳绳产品展示
场景：突出随时跳的时间、气候等场景
视觉信息：表示不同时间、气候的图文，从多视角突出随时可跳

主题：功能图——倒计时1分钟功能
场景：突出高清显示倒计时功能细节
视觉信息：高清倒计时显示细节图、中考跳绳时间1分钟、1分钟满分指标、突出倒计时显示文案

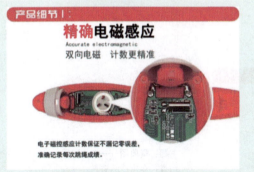

主题：细节图——产品细节1：精确电磁感应
场景：突出产品内部技术细节
视觉信息：产品内部细节图、突出精确电磁感技术特征的文案

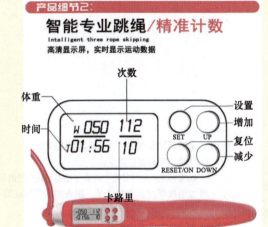

主题：细节图——产品细节2：高清显示屏
场景：突出高清显示细节
视觉信息：突出高清显示细节的产品图、放大图、相关文案

（续）

主题：细节图——产品细节3：防滑手柄，舒适握感
场景：突出防滑手柄细节
视觉信息：防滑手柄细节图、突出防滑和握感的文案

主题：细节图——产品细节4：加重设计
场景：突出加重细节
视觉信息：加重细节图、突出加重细节的文案

主题：资质图——产品资质保证
场景：突出产品资质
视觉信息：突出产品资质图、文案

主题：服务图——15天无理由退换货
场景：突出退换货信息
视觉信息：突出退换货的服务信息、退换理由等，通过退换货突出店铺产品、服务的品质保证等相关文案

项目7　产品详情页策划与制作

（续）

主题：服务图——跳绳训练方法
场景：展示跳绳方式、方法的场景
视觉信息：展示跳绳方法的手绘图、正确跳绳方法、参数、使用跳绳方法的文案

主题：服务图——跳绳训练注意事项
场景：文本形式陈述跳绳训练注意事项
视觉信息：跳绳训练注意事项文本、跳绳模特（增强视觉动感效果）

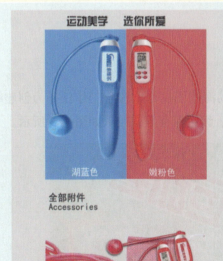

主题：服务图——运动美学，选你所爱
场景：突出产品系列
视觉信息：不同色系产品图，无绳、长绳产品图，相关文案

（续）

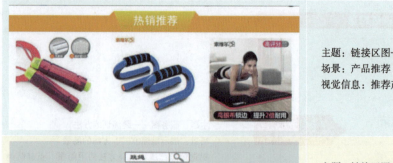

主题：链接区图——热销推荐
场景：产品推荐
视觉信息：推荐产品的产品展示图

主题：链接区图——分类导航
场景：导航区
视觉信息：产品分类信息、分类产品选图

> **素养小贴士：** 传统融入时代，传扬传统文化
>
> 将中国传统文化元素渗透、融入产品和店铺页面设计中，赋予传统文化新的生命活力，成就作品设计高尚的灵魂。运用视觉元素传扬传统文化与核心价值观，活化展示与创新设计，提升文化自信与传承自觉，是新时代美工人员的基本道德素养。

7.3 项目实施

本项目整体页面参数：宽度 790 像素，高度根据内容自定义，分辨率 72 像素/英寸，颜色模式 RGB。

7.3.1 海报图制作

1. 运动会活动海报制作

任务描述 应用 Photoshop 完成运动会活动海报图制作，核心工作任务为创建绿茵场地背景、创建活动主题文本、置入瑜伽剪影、编组保存等，效果如图 7-3 所示。

运动会活动海报制作

图 7-3 效果图

技能准备： 文件基本操作、置入文件、文字工具应用、自由变换、颜色填充、图层样式设置、魔棒工具应用、图层基本操作、组基本操作。

素材准备：绿茵场地 .PSD、瑜伽剪影 .PSD、FZZYJW.TTF。

操作步骤　详见二维码视频。

2. 主形象海报制作

任务描述　应用 Photoshop 完成主形象海报图制作，核心工作任务为创建白色背景、创建标题栏、置入素材图、创建文案区、编组保存等，效果如图 7-4 所示。

主形象海报制作

图 7-4　效果图

技能准备：文件基本操作、置入文件、文字工具应用、自由变换、圆角矩形工具应用、图层基本操作、组基本操作。

素材准备：左跳绳 .PSD、右跳绳 .PSD、模特 .PSD、百度综艺简体 .TTF。

操作步骤　详见二维码视频。

7.3.2　卖点图制作

1. 产品优势 1：精准计数

任务描述　应用 Photoshop 完成产品优势 1 精准计数的卖点图制作，核心工作任务为创建黑白室内运动场景、创建标题栏、置入素材图、创建文本区、创建玫红色圆角矩形、编组保存等，效果如图 7-5 所示。

产品优势 1-精准计数

图 7-5　效果图

技能准备： 文件基本操作、文件置入、自由变换、文字工具应用、图层基本操作、圆角矩形工具应用、颜色填充、去色、曲线设置、组基本操作。

素材准备： 卧室木地板运动场景 .PSD、模特图 .PSD、产品图 .PSD、方正兰亭中粗黑 _GBK.TTF、方正正中黑简体 .TTF。

操作步骤 详见二维码视频。

2. 产品优势 2：有线无线自如切换

任务描述 应用 Photoshop 完成产品优势 2 有线无线自如切换图制作，核心工作任务为创建白色背景、创建标题栏、创建文本区、置入产品图并调整属性、编组保存等，效果如图 7-6 所示。

图 7-6　效果图

技能准备： 文件基本操作、文件置入、自由变换、文字工具应用、颜色填充、圆角矩形工具应用、图层基本操作、组基本操作。

素材准备： 手持产品素材 .PSD、FZZYJW.TTF。

操作步骤 详见二维码视频。

7.3.3　展示图制作

1. 产品参数

任务描述 应用 Photoshop 完成产品参数图制作，核心工作任务为创建白色背景、创建标题栏、置入跳绳产品图、创建产品参数区、编组保存等，效果如图 7-7 所示。

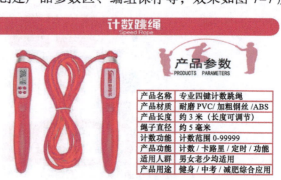

图 7-7　效果图

技能准备： 文件基本操作、文件置入、自由变换、文字工具应用、图层基本操作、颜色填充、组基本操作。

素材准备： 粉色表格 .PSD、粉色剪影素材 .PSD、有线产品素材 .PSD、百度综艺简体 .TTF。

操作步骤 详见二维码视频。

2．有线无线产品展示

任务描述 应用 Photoshop 完成无线、有线产品展示图制作，核心工作任务为创建白色背景、创建标题栏、置入产品图片、编组保存等，效果如图 7-8 所示。

有线无线产品展示

图 7-8　效果图

技能准备： 文件置入、图层基本操作、自由变换、文字工具应用、颜色填充、圆角矩形工具应用、组基本操作。

素材准备： 无线跳绳素材 .PSD、有线跳绳素材 .PSD、百度综艺简体 .TTF。

操作步骤 详见二维码视频。

3．模特展示

任务描述 应用 Photoshop 完成模特展示图制作，核心工作任务为创建白色背景、创建标题栏、置入模特图、绘制分隔线、编组保存等，效果如图 7-9 所示。

模特展示

图 7-9　效果图

技能准备： 文件基本操作、文件置入、文字工具应用、颜色填充、圆角矩形工具、直线工具应用、图层基本操作、组基本操作。

素材准备： 有线跳绳模特 .PSD、无线跳绳模特 .PSD、百度综艺简体 .TTF。

操作步骤 详见二维码视频。

7.3.4 功能图制作

1. 无绳跳绳更方便

任务描述 应用 Photoshop 完成无绳跳绳更方便功能图制作，核心工作任务为创建白色背景、创建标题栏、创建卖点文案区、创建跳绳活动区、置入模特及影子图、编组保存等，效果如图 7-10 所示。

图 7-10　效果图

技能准备： 文件基本操作、文件置入、文字工具应用、自由变换、颜色填充、圆角矩形工具应用、椭圆工具应用、剪贴蒙版应用、图层基本操作、组基本操作。

素材准备： 无线跳绳模特.PSD、模特影子.PSD、办公场地.PSD、卧室场地.PSD、阳台场地.PSD、百度综艺简体.TTF。

操作步骤 详见二维码视频。

2. 无绳跳绳随时可跳

任务描述 应用 Photoshop 完成无绳跳绳随时可跳功能图制作，核心工作任务为创建白色背景、创建标题栏、创建文案区、置入天气情况图、编组保存等，效果如图 7-11 所示。

图 7-11　效果图

技能准备: 文件基本操作、文件置入、自由变换、文字工具应用、颜色填充、圆角矩形工具应用、图层基本操作、组基本操作。

素材准备: 天气情况图 .PSD、百度综艺简体 .TTF。

操作步骤 详见二维码视频。

3. 倒计时 1 分钟功能

任务描述 应用 Photoshop 完成倒计时 1 分钟功能图制作,核心工作任务为创建白色背景、创建标题栏、移动亲子跳绳剪影、置入表盘刻度、创建表盘内计时信息、创建中考跳绳计分信息区、编组并保存文件等,效果如图 7-12 所示。

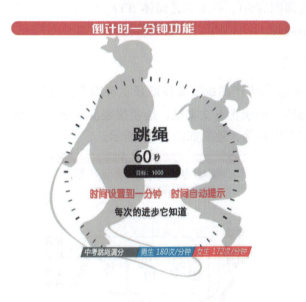

倒计时 1 分钟功能

图 7-12 效果图

技能准备: 文件基本操作、文字工具、图层基本操作、颜色填充、色彩范围设定、圆角矩形工具应用、矩形工具应用、图形变换、组基本操作。

素材准备: 亲子跳绳剪影 .JPG、表盘刻度 .PSD、百度综艺简体 .TTF。

操作步骤 详见二维码视频。

7.3.5 细节图制作

1. 产品细节 1:精确电磁感应

任务描述 应用 Photoshop 完成产品细节 1 精确电磁感应细节图制作,核心工作任务为创建白色背景、创建标题栏、创建卖点文案区、置入素材、创建文本区、编组保存等,效果如图 7-13 所示。

产品细节 1-
精确电磁感应

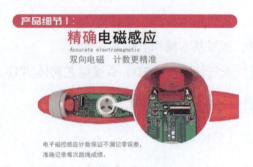

图 7-13　效果图

技能准备： 文件基本操作、文字工具应用、文件置入、圆角矩形工具应用、颜色填充、图层基本操作、组基本操作。

素材准备： 电磁结构内部图 .PSD、百度综艺简体 .TTF。

操作步骤 详见二维码视频。

2. 产品细节 2：高清显示屏

任务描述 应用 Photoshop 完成产品细节 2 高清显示屏细节图制作，核心工作任务为创建白色背景、创建标题栏、创建卖点文案区、绘制仪表盘、绘制零部件、创建标识信息、置入产品素材图、编组保存等，效果如图 7-14 所示。

产品细节 2-
高清显示屏

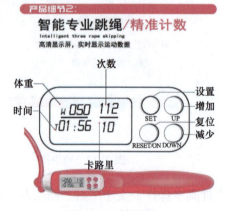

图 7-14　效果图

技能准备： 文件基本操作、文字工具应用、文件置入、自由变换、圆角矩形工具应用、描边、颜色填充、椭圆工具应用、直线工具应用、图层蒙版应用、图层基本操作、组基本操作。

素材准备： 无绳跳绳素材 .PSD、百度综艺简体 .TTF。

操作步骤 详见二维码视频。

3. 产品细节 3：防滑手柄

任务描述 应用 Photoshop 完成产品细节 3 防滑手柄细节图制作，核心工作任务为创建浅粉色背景、创建标题栏、创建卖点文案区、置入防滑手柄素材图、编组并保存文件等，效果如图 7-15 所示。

产品细节 3-
防滑手柄

图 7-15　效果图

技能准备： 文件基本操作、置入文件、文字工具应用、图层基本操作、圆角矩形工具应用、颜色填充、亮度/对比度调整、组基本操作。

素材准备： 防滑手柄.PSD、百度综艺简体.TTF。

操作步骤 详见二维码视频。

4. 产品细节 4：加重设计

任务描述 应用 Photoshop 完成产品细节 4 加重设计细节图制作，核心工作任务为创建白色背景、创建标题栏、置入产品素材图、创建文案区、编组保存等，效果如图 7-16 所示。

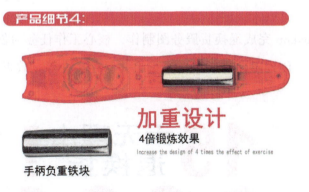

产品细节 4-
加重设计

图 7-16　效果图

技能准备： 文件基本操作、置入文件、文字工具应用、图层基本操作、颜色填充、自由变换、组基本操作。

素材准备： 加重设计素材.PSD、负重铁块素材.PSD。

操作步骤 详见二维码视频。

7.3.6　资质图制作

任务描述 应用 Photoshop 完成产品资质保证图制作，核心工作任务为创建白色背景、创建标题栏、创建产品资质区、编组保存等，效果如图 7-17 所示。

产品资质保证

图 7-17　效果图

技能准备：文件基本操作、置入文件、文字工具应用、图层基本操作、颜色填充、自由变换、亮度/对比度、圆角矩形工具应用、图层样式设置、复制并旋转（Ctrl+Alt+Shift+T）、组基本操作。

素材准备：授权资质 .PSD、百度综艺简体 .TTF。

操作步骤　详见二维码视频。

7.3.7　服务图制作

1. 15 天无理由退换货

任务描述　应用 Photoshop 完成退换货服务图制作，核心工作任务为创建白色背景、创建主题活动文案区、创建随便退服务区、编组并保存文件等，效果如图 7-18 所示。

15 天无理由退换货

图 7-18　效果图

技能准备：文件基本操作、文字工具应用、图层基本操作、颜色填充、椭圆工具应用、组基本操作。

素材准备：方正兰亭特黑长简 .TTF。

操作步骤　详见二维码视频。

2. 跳绳训练方法

任务描述 应用 Photoshop 完成跳绳训练方法图制作,核心工作任务为创建白色背景、创建标题栏、创建跳绳正确姿势区、创建粉色互动框、创建调整合适绳长区、编组并保存文件等,效果如图 7-19 所示。

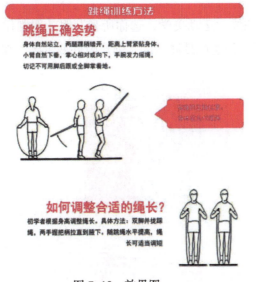

图 7-19 效果图

技能准备: 文件基本操作、置入文件、文字工具应用、图层基本操作、颜色填充、圆角矩形工具应用、组基本操作。

素材准备: 跳绳训练图示 1.PSD、粉色互动框 .PSD、跳绳训练图示 2.PSD、百度综艺简体 .TTF。

操作步骤 详见二维码视频。

3. 跳绳训练注意事项

任务描述 应用 Photoshop 完成跳绳训练注意事项图制作,核心工作任务为创建白色背景、创建标题栏、创建文案区、置入模特素材图、编组保存等,效果如图 7-20 所示。

图 7-20 效果图

技能准备：文件基本操作、置入文件、文字工具应用、图层基本操作、颜色填充、圆角矩形工具应用、组基本操作。

素材准备：模特 .PSD、百度综艺简体 .TTF。

操作步骤 详见二维码视频。

4. 运动美学，选你所爱

任务描述 应用 Photoshop 完成"运动美学，选你所爱"服务图制作，核心工作任务为创建白色背景、创建标题栏、创建产品展示区、创建附件展示区、编组保存等，效果图 7-21 所示。

运动美学 选你所爱

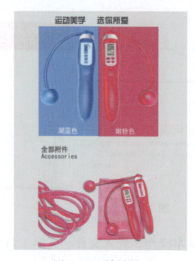

图 7-21 效果图

技能准备：文件基本操作、置入文件、文字工具应用、图层基本操作、图层编组。
素材准备：湖蓝色产品图 .PSD、嫩粉色产品图 .PSD、附件包 .PSD、百度综艺简体 .TTF。
操作步骤 详见二维码视频。

7.3.8 链接区制作

1. 热销推荐

任务描述 应用 Photoshop 完成热销推荐图制作，核心工作任务为创建白色背景、创建标题栏、置入产品图素材、编组保存文件等，效果如图 7-22 所示。

热销推荐

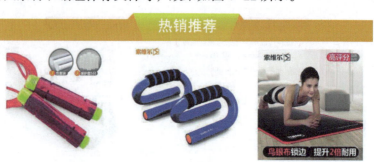

图 7-22 效果图

技能准备：文件基本操作、置入文件、渐变工具应用、文字工具应用、图层基本操作、图形变换、矩形工具应用、多边形工具应用、组基本操作。

素材准备：瑜伽垫.PSD、运动轴承健身绳.PSD、男士俯卧撑架.PSD。

操作步骤 详见二维码视频。

2. 分类导航

任务描述 应用 Photoshop 完成分类导航图制作，核心工作任务为创建浅灰色背景、创建搜索框、置入产品素材图、输入文案信息、编组保存等，效果如图 7-23 所示。

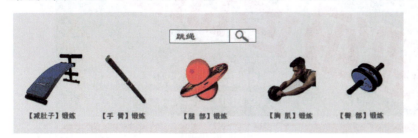

图 7-23　效果图

技能准备：文件基本操作、置入文件、文字工具应用、图层基本操作、颜色填充、矩形工具应用、自定义形状工具应用、描边、组基本操作。

素材准备：减肚子素材.PSD、练手臂素材.PSD、练腿部素材.PSD、练胸肌素材.PSD、练臀部素材.PSD。

操作步骤 详见二维码视频。

7.4　项目上传

步骤 1：上传主图。登录卖家中心页面，单击"发布宝贝"选项，完成产品基本信息填写。在产品基本信息描述中，单击如图 7-24 所示的"宝贝主图"选项，依次上传系列主图。

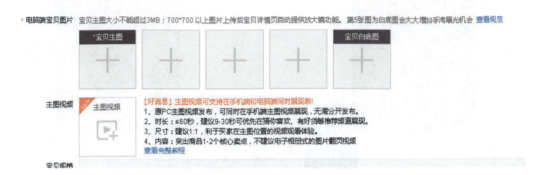

图 7-24　上传主图

步骤 2：发布电脑端产品详情页。单击如图 7-25 所示"插入图片"选项，依次将详情页各模块图片插入。

图 7-25　发布电脑端产品详情页

步骤 3：一键生成手机端详情页。单击如图 7-26 所示"导入电脑端描述"，即可一键生成手机端详情页。单击页面底部"添加"按钮，可分别导入音频、图片或输入文字等媒体信息。

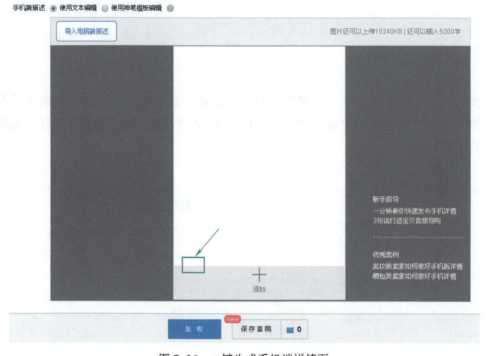

图 7-26　一键生成手机端详情页

项目评价

产品详情页策划评价，请参考表 7-5。

表 7-5 产品详情页策划评价表

序号	评价内容	评分标准	评分分值	得分
1	卖点设计	直击客户痛点、痒点、兴奋点	30 分	
2	逻辑设计	科学严密，层次清楚	30 分	
3	内容策划	准确完整，能清晰传达产品信息	30 分	
4	整体效果	综合评价	10 分	
		合计	100 分	

项目小结

产品详情是主图的细化与补充，详情页决定了转化率。优秀的产品详情页不仅能提升消费者购物欲望，延长页面停留时间，还能够提升客单价，降低跳失率。本项目以中考计数跳绳详情页为项目载体，从认识详情页、产品卖点设计、逻辑结构设计、内容详情策划等工作任务入手，训练学生进行详情策划的思路与方法；通过海报图、卖点图、展示图、功能图、细节图、资质图、服务图、链接区图等详情页子模块任务的细化实施，培养学生实战技能技巧。

改进训练

为七色活力运动专营店的"中考计数跳绳"详情页产品参数进行改进优化，改进前后如图 7-27、图 7-28 所示。具体工作任务如下：

（1）背景改进。将背景层填充为白色。
（2）文本优化。字体、字号统一并将文本对齐。
（3）产品图造型改变。调整各产品图为底部对齐、水平等距分布。
（4）整体优化。调整测试微调各个细节元素的大小位置等，完成最终效果图。

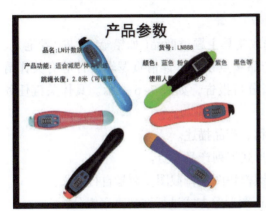

图 7-27 改进前产品参数图

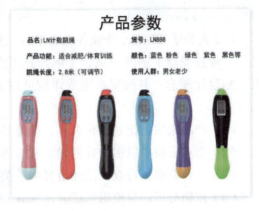

图 7-28 改进后产品参数图

同步训练

独立完成某数码旗舰店某款键盘详情页的细节图制作,效果图如图 7-29 所示。具体工作任务如下:

(1)文件新建。新建文件尺寸为 790×400 像素,72 像素/英寸,背景色为白色。

(2)背景设置。相关文件夹下背景素材置入,并调整至合适位置与大小,在图层面板中调整其不透明度为 32%。

(3)产品图置入并设置蒙版效果。将产品图移动至目标文件,添加蒙版,蒙版层中使用黑色柔边圆画笔涂抹,直至产品图与背景很好融合;设置产品图投影样式。

(4)光影效果设置。分别新建图层,在键盘图的前侧与后侧分别使用浅蓝、深蓝的柔和画笔绘制柔边圆,并调整至合适位置与大小,完成光影效果制作。

(5)指向线创建。新建图层,设置画笔颜色为红色,分别使用画笔工具、直线工具绘制指向线。

(6)文本特效设置。如图 7-29 所示,在合适位置分别输入文本信息"侧翼流光灯带""金属面板",字体为"方正粗倩"。置入素材图,创建文字剪贴蒙版,调整图形位置与角度。

(7)保存并导出文件。

图 7-29　最终效果图

拓展训练

以 2 人为学习团队,登录各电商平台,选取文具主题类商品(如铅笔、橡皮、卷笔刀、尺子、橡皮泥等)中的一项,了解与熟悉产品卖点设计、详情页逻辑设计等有关详情页策划设计理念,并按要求完成详情页调研分析报告,如表 7-6 所示。具体关键任务如下:

(1)产品选取。记录平台名称、产品名称、产品描述。

(2)卖点提取。以多个并列词组或短语形式罗列产品卖点。

(3)图片截取。选取产品详情页中的关键模块图进行截图,数量自行定义。

(4)逻辑分析。自绘图形或通过 SmartArt 图形等方式进行详情页逻辑分析。

(5)讨论互动。班级同学在互动平台讨论详情页设计注意事项。

表 7-6 详情页调研分析

平台名称	
产品名称	
产品描述	
产品卖点	
详情页关键模块图	
详情页逻辑分析	
梳理详情页设计注意事项	

理论测试

一、填空题

1. 电商界的痛点分析法即是建构在_____理论基础之上的。

2. _____决定转化率，是主图的深化与补充。

3. 产品详情类型有开门见山型、引导渐入型、_____、痛点卖点型、功能说明型、侧重服务型等。

4. 产品卖点分析是在_____、_____、服务点等的基础上进行的。

5. _____是消费者进入产品页后，最直接的营销导购页面，承载了产品的性能、卖点、外观、尺寸、颜色等属性特征。

二、判断题

1. 在 Photoshop 环境中，取消选区快捷键为 Ctrl+A。（ ）

2. 在 Photoshop 环境中，可载入 .abr 格式的画笔文件，绘制各种图案。（ ）

3. 在 Photoshop 环境中，去色快捷键 Shift+Ctrl+A。（ ）

4. 在 Photoshop 环境中，曲线命令兼具色阶、明度和饱和度等多个命令的功能，可以对色调进行精准调整。（ ）

5. 在创建剪贴蒙版过程中，上图层决定图案，下图层决定形状。（ ）

项目 8
网店首页策划与制作

8.1　项目基础

8.2　项目策划

8.3　项目实施

8.4　项目上传

【项目描述】

　　苏州的一家淘系女装店其产品朴素淡雅、柔软舒适，定价亲民，目前粉丝数超 158 万。临近 8 月，公司美工部联合运营部策划一组星空主题的店铺首页，两部门负责人根据普适的网站首页框架设计原则梳理页面结构，根据产品、客户、品牌、时令等信息策划页面风格，根据视觉动线、商品陈列原则等进行首页产品陈列设计；项目实施包括店招区、活动海报图、专题产品图、活动区图、分类导航、产品陈列区、页尾等版块的制作。通过本项目学习，要求学生熟悉首页常用模块、首页结构规划、风格定位、产品陈列等首页策划理论知识，能够熟练掌握首页各模块实战技能技巧。

知识目标：
◎ 熟悉网店页面的类型、首页的作用及构成。
◎ 了解首页常用功能模块以及设计流程。
◎ 了解结构规划、风格定位、产品陈列的设计方法。

技能目标：
◎ 能根据工作方案，进行素材采集与创作。
◎ 能根据任务书进行首页结构规划、风格定位、产品陈列设计。
◎ 能根据策划方案完成首页各子模块的制作实施。

素养目标：
◎ 通过网店首页策划任务实施，培养学生的结构化思维与设计能力。
◎ 通过网店首页制作任务实施，培养学生的探究、沟通协作学习能力。

8.1 项目基础

网店实质上是一个网站系统，由首页、分级页面、详情页面等构成，每个页面又划分为页头、页面主体与页尾三部分。

首页与详情页面是基础页面，首页是店铺基础，详情页是产品基础；常见的分级页面有品牌宣传页、活动促销页等专题页。

8.2 项目策划

网店首页是店铺信息枢纽，影响着店铺流量分配与用户体验，是用户与店铺各类信息的交互场所。

通过首页用户可以快速熟悉店铺基本情况、品牌文化、产品风格、热销产品、当季活动等；首页导航、关联产品等栏目方便用户进入不同的产品页面，增加其在店铺的停留时间，增加产品出镜率，促成店铺交易。

卖家可以在此进行品牌传播、专题活动、爆款推荐、新品促销、子店铺推荐等活动，提升用户的购物体验。

8.2.1 首页模块选取

淘宝基础店铺首页的装修后台提供了若干功能模块，通过模块组合设置可完成首页功能框架。

首页基础模块有宝贝推荐、宝贝排行、默认分类、个性分类、自定义区、图片轮播、友情链接、客服中心、生意参谋、无线二维、充值中心、宝贝搜索、满返、红包、购物券、满减、全屏轮播、公益广告、店铺招牌等，如图 8-1 所示。根据首页结构规划需要，从左侧基础模块中选取所需模块，并拖动到右侧合适区域释放，即可添加相应模块到首页。

图 8-1　首页基础模块

8.2.2　首页结构规划

页面结构是指构成页面主体要素的框架布局，科学合理的页面规划与配置能显著提升用户体验。

网店首页整体分三段，分别为页面头部（Top）、页面主体（Body）、页面尾部（Bottom）。

页面头部一般呈现店招、分类导航信息。

页面主体呈现产品信息、活动信息与特色分类导航信息。一般由（轮播）海报、分类区、导航区、客服区、自定义产品陈列区等模块构成。活动信息主要呈现于轮播、创意陈列区域；产品陈列信息主要呈现于活动信息之后。

页面尾部常用于呈现分类导航、链接等信息。

网店通用型功能框架如图 8-2 所示。

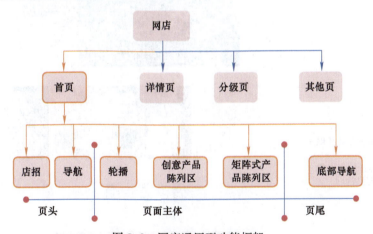

图 8-2　网店通用型功能框架

根据视觉内涵的信息层次与组织规律，视觉呈现层将按照功能架构、店铺信息架构、页面版式布局等层级进行科学合理配置，从而有效引导视觉流量的分布，节约用户选购时间，提升用户体验。其中，功能架构基本由平台预设，相当于店铺的物理结构；信息结构是页面逻辑模型，是页面结构设计的核心工作，模型设计优劣取决于店铺定位、人群分析、营销活动分析等业务逻辑；优秀的逻辑模型设计，能降低后续视觉展现的实现难度，提升有效视觉效果。信息是店铺呈现给用户、与用户交互的内容。

店铺首页常见信息架构如图 8-3 所示。

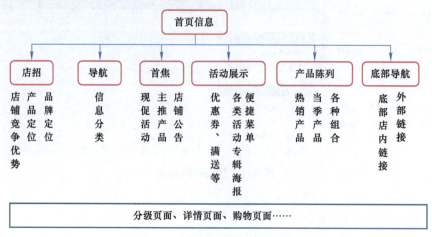

图 8-3　店铺首页常见信息架构

店铺八月首页信息架构案例如表 8-1 所示。

表 8-1　店铺八月首页信息架构案例

首页结构	效果展示
页面头部：店招 + 导航	
页面主体：首焦 + 分类导航 + 创意产品陈列 （创意产品陈列：预售专辑 + 外景专辑 + 热推产品展示）	

（续）

首页结构	效果展示
页面主体：首焦＋分类导航＋创意产品陈列 （创意产品陈列：预售专辑＋外景专辑＋热推产品展示）	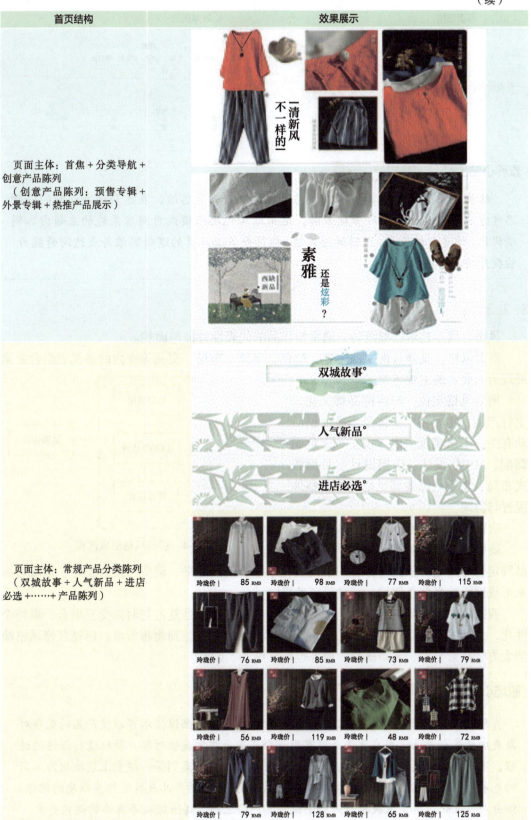
页面主体：常规产品分类陈列 （双城故事＋人气新品＋进店必选＋……＋产品陈列）	

（续）

> **素养小贴士：结构化思维模式**
>
> 结构化思维是以事物的结构为思考对象，来引导思维、表达和解决问题的一种思考方法，同时也是一种管理方法。运用结构化思维模式对网店系统的主题内容明确优化、信息归纳分类、逻辑递进处理，能提升美工人员的逻辑思维与表达沟通能力，能提升问题解决效率。

8.2.3 首页风格定位

风格，属于艺术领域范畴，通常指作品的代表性特征与面貌。

页面风格，是指页面中的内容、配色、字体、布局、交互等在内的各视觉组合要素展现给消费者的主观感受。

网店风格定位，与店铺品牌文化、主打产品、主要客户群体及当季促销活动有关。风格实现主要体现于页面色调调配、LOGO 设计、店招设计、页面版式布局、文字、图案等风格元素的整体配置与协调。

店铺风格形成流程如图 8-4 所示。

商家结合店铺特征、运营产品进行

图 8-4　店铺风格形成流程

品牌定位与策划；依据目标客户群的文化水平、消费水平、消费习惯、爱好、地域等因素形成网店首页信息架构、视觉呈现效果。

西缺店铺的主要消费群体是女性，带给客户的感受是复古与时尚交互融合、服饰个性化，天然棉麻材质产品舒适贴心，价格实惠，令客户感到物超所值；店铺装修风格简洁大方、朴素自然、灵动幽静；服务也非常细心、贴心。

> **职场小贴士：用户画像与产品画像**
>
> 用户画像与产品画像是美工人员的高阶技术挑战。画像技术可以使产品的服务对象更加聚焦与专注。用户画像是商家用一个或多个维度属性对客户特征进行描述的过程。不同的画像蕴含不同的客户类别、心理类别、需求类别等，视觉上则映射为不同的色彩、版式、造型、文案等视觉要素。产品画像是商家对产品属性进行多维度的挖掘、细分与具象化，视觉上映射为产品小视频、产品主图、详情版块等具体的视觉要素。

8.2.4 产品陈列设计

产品陈列，是指运用一定的艺术手法和展示技巧，按照产品运营思维将商品有规律地、创意化摆设陈列，以达成美化页面、方便客户选购、刺激销售的目标。网店首页的产品陈列方式有纯产品式、场景式、模特展示、模特+场景式。它是商品销售的关键环节，科学合理地进行商品配置与陈列，能提高消费者的停留时间与停留效果，从而显著提升销售额。

1. 产品陈列法则确定

产品陈列前首先将产品分类、排序、关联组合，按照销量、搜索热度、产品结构、色彩、风格、材质等维度进行划分，并综合运用和谐、变换法则，有效组织图文信息、板块排列、产品排列。

在产品陈列过程中应注重产品整洁，使访客能轻松识别主体。一个产品展示模块控制在1.5屏内，避免视觉疲劳。应用好版面视觉中心位置，将店家主推产品、爆款产品通过色彩、款式、材质、排版等方式突显，尽力打造爆款。

产品陈列页各模块在属性、形式、标签等方面形成一套统一的视觉体系，同时充分运用色彩对比、关联陈列、特殊陈列等方式提升页面视觉效果，方便客户选择，提高客单价和流量利用率。

产品陈列典型案例如图8-5所示，图中既有色彩对比又有关联陈列。

图8-5 产品陈列典型案例

2. 产品陈列方式选择

常见产品陈列方式有单品陈列、矩阵陈列、关联组合陈列、创意陈列。

（1）单品陈列：以特写方式呈现主推或高端产品，带给客户精品的感觉，如图8-6所示。

（2）矩阵陈列：以几行几列表格式陈列某分类产品，如图8-7所示。

（3）关联组合陈列：将品类不同但效用互补的商品关联组合陈列，或将主推关联产品组合陈列，不仅可以增加整体陈列的多样性与活性化，还能在无形中引导客户，提高客单价，如图8-8所示。

（4）创意陈列：创意化情景式活化式产品陈列，能吸引消费者眼球，推动与刺激客户消费，如图8-9所示是电子产品创意陈列。

图 8-6 单品陈列

图 8-7 矩阵陈列

图 8-8 关联组合陈列

图 8-9 电子产品创意陈列

8.3 项目实施

以夏季星空为主题，以神秘蓝 RGB（102，35，169）为主色系，设计制作西缺店铺首页各功能模块，图片制作基本流程如图 8-10 所示。

本项目各模块采用了基础模块中的自定义模块。首先选取模块宽度为 950 像素，拖动基础模块中的自定义区至右侧页面编辑区域，如图 8-11 所示。单击自定义区的"编辑"按钮，在自定义内容区单击"图片"按钮，在"图片"对话框中完成相关属性设置，如图 8-12 所示。本项目整体页面参数为分辨率 72 像素／英寸，宽度 950 像素，高度根据模块内容自定义，颜色模式为 RGB。

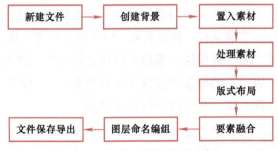

图 8-10　图片制作基本流程

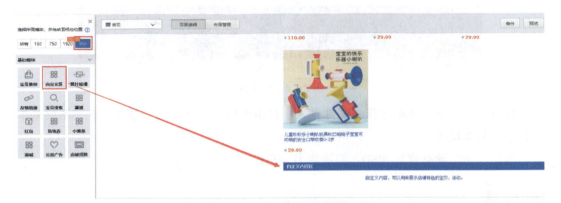

图 8-11　自定义模块操作入口

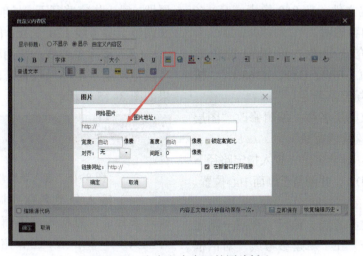

图 8-12　自定义内容区的图片插入

素养小贴士：沟通与协作

　　良好的沟通技巧可以使美工岗位更好地与其他岗位交互协同。具备业务理解能力、专业能力、团队协作能力、表达能力等综合职业能力，可以更好地提升团队协同合作的工作效能。美工人员加强与运营、客服等岗位的沟通，有利于发挥团队的力量，可以更高、更好、更美地完成视觉的整体创作。

8.3.1 店招区制作

店招区制作

店招，是店铺门楣，位于店铺各级页面最顶部位置，核心信息为企业或店铺名称、品牌名称、宣传语、收藏店铺、优惠券、品牌理念、主营产品、现促活动等最希望传达给客户、访客能够关注和点击的信息。店招下的导航栏提供了信息分类，帮助客户快速、清晰地了解店铺经营大类，并快速到达目标页面。

任务描述 将店招与导航作为整体设计，总高度为 150 像素，其中店招高 120 像素，导航高 30 像素，效果如图 8-13 所示。

图 8-13 店招区

技能准备： 文件基本操作、文件置入、自由变换、文本工具、颜色填充、图层基本操作、组基本操作。

素材准备： 导航背景 .PSD、西缺店名 .PSD。

操作步骤

步骤 1：创建蓝紫色背景。

（1）新建文件。宽 950 像素，高 150 像素，背景内容透明。

（2）填充蓝紫色。设置前景色蓝紫色 RGB 值（R87，G81，B163），按 Alt+Delete 键填充前景色。

（3）修改图层名称。编辑修改"图层 1"名称为"蓝紫色背景"。

步骤 2：创建店名区。 置入指定路径下"西缺店名 .PSD"，并调整至画面中心位置。

步骤 3：创建导航区。

（1）新建参考线。执行"视图→新建参考线"命令，在"新建参考线"对话框中设置趋向水平，位置 120 像素，效果如图 8-14 所示。

图 8-14 新建参考线

（2）置入"导航背景 .PSD"并调整属性。置入指定路径下"导航背景 .PSD"，并调整至参考线 120～150 像素之间。

（3）清除参考线。应用移动工具将参考线拖动至水平标尺位置处即可清除，效果如图 8-15 所示。

图 8-15 置入导航背景

（4）输入分类名称并调整属性。导航背景合适位置输入文本信息"首页|所有宝贝|穿衣妙搭|连衣裙|衬衣|T恤|裤子|背心清仓|夏季新品"（导航名称间设置均等空格），设置字体为黑体，字号18点，白色，加粗，至此完成最终效果图。

步骤 4：编组保存文件。 全选系列图层并编组，存储文件并设置文件类型。

8.3.2 活动海报图制作

图片轮播通常放置在第一视觉焦点区，包含品牌文化、店铺公告、现促活动、主推产品等需要客户第一时间关注的信息。可以设置1张或多张海报轮播，一般为2～4张。

任务描述 以暑期望星空为主题，制作活动海报，效果如图8-16所示。

活动海报图制作

图8-16　海报效果

技能准备： 文件基本操作、置入文件、颜色填充、文本工具应用、图层样式设置、图层基本操作、组基本操作。

素材准备： 西缺店名.PSD、新品宣传图.PSD。

操作步骤 详见二维码视频。

8.3.3 橱窗展示专题制作

橱窗展示是视觉营销中最具创意和激情的分支，运用视觉手段为客户提供精彩的购物体验。本专题模块用来呈现新品推广、精品展示等，通常由橱窗展示主题和橱窗海报组成。

1. 橱窗主题

任务描述 橱窗主题是后续产品橱窗海报的引子，效果如图8-17所示。

橱窗主题

图8-17　橱窗主题

技能准备： 文件基本操作、置入文件、文字工具应用、颜色填充、图层基本操作、组基本操作。

素材准备： 长发姑娘素材.PSD。

操作步骤 详见二维码视频。

2. 橱窗海报——新款棉麻T恤陈列

橱窗海报——新款棉麻T恤陈列

任务描述 为新款棉麻T恤陈列设计橱窗海报，效果如图8-18所示。

图8-18 新款棉麻T恤陈列

技能准备： 文件基本操作、置入文件应用、文字工具应用、图层基本操作、自定形状工具应用、多边形套索工具应用、颜色填充、组基本操作。

素材准备： 绣花细节素材.PSD、背景素材.PSD。

操作步骤

步骤1：创建透明背景。 新建文件，宽950像素，高350像素，背景透明。

步骤2：置入背景素材。 置入指定路径下"背景素材.PSD"置入，并调整至合适位置与大小。

步骤3：置入绣花细节素材。 置入指定路径下"绣花细节素材.PSD"，并调整至合适位置与大小，效果如图8-19所示。

图8-19 置入绣花细节素材

步骤4：创建主题活动文案区。

（1）输入文本并设置属性。输入直排文本"种一片星光灿烂""文艺优雅""宽松刺绣""纯棉T恤"。设置字体为黑体，字号24点、12点，白色，加粗。

（2）新建图层"复选框1"并调整至合适。按Shift+Ctrl+N键，并设置图层名称为"复选框1"。

（3）绘制复选框。设置前景色为白色，应用自定形状工具绘制形状"复选框"，同时调整至合适位置与大小。

（4）创建"图层复选框1"副本2个，修改图层名称并调整对象位置。拖拽图层"复选框1"至"创建新图层"按钮2次，即可创建2个副本，分别设置图层名称为"复选框2""复选框3"。

（5）移动对象。分别移动"复选框2""复选框3"至合适位置，效果如图8-20所示。

图8-20 创建复选框副本

步骤 5：创建装饰元素区。

（1）新建"深绿色三角形"图层。按 Shift+Ctrl+N 键新建图层，并设置图层名称为"深绿色三角形"。

（2）创建三角形选区并填充深绿色。设置前景色为深绿色（R112，G141，B123），应用多边形套索工具 创建三角形选区，如图 8-21 所示。

图 8-22 填充选区

图 8-21 创建三角形选区

（3）填充选区。按 Alt+Delete 键填充前景色，按 Ctrl+D 键取消选区，效果如图 8-22 所示。

（4）创建浅蓝色三角形、姜黄色三角形。与本步骤（1）～（2）操作方法类似。分别新建图层并命名为"浅蓝色三角形""姜黄色三角形"。应用多边形套索工具在合适位置创建三角形选区，并分别填充为姜黄色（R198，G178，B65），淡蓝色（R120，G194，B207），完成最终效果。

步骤 6：编组并保存文件。 全选系列图层并编组，存储文件并设置文件类型。

3．橱窗海报——新款棉麻衬衣陈列

任务描述 为新款棉麻衬衣陈列设计橱窗海报，效果如图 8-23 所示。

图 8-23 新款棉麻衬衣陈列

橱窗海报——新款棉麻衬衣陈列

技能准备： 文件基本操作、置入文件、文字工具应用、水平翻转、图层基本操作、图层样式设置、画笔工具应用、自由变换、组基本操作。

素材准备： 背景素材 .PSD、蓝色衬衣 .PSD、细节素材 .PSD。

操作步骤 详见二维码视频。

8.3.4 活动展示区制作

活动展示，是商家为提高企业或品牌美誉度、影响力，为客户提供优惠实惠，实现双方共赢的一种商业营销方式。活动类型有店铺活动、平台活动等方式；促销活动信息有满减、满送、优惠券等。

其中，优惠券是最常见的优惠活动呈现方式，信息内容为活动产品信息、优惠价格信息、优惠活动说明、使用限制等。

优惠券制作

任务描述 为店铺制作优惠券模块，效果如图 8-24 所示。

图 8-24　优惠券

技能准备：文件基本操作、填充、自定形状、文字工具应用、图层基本操作、组基本操作、对齐分布。

素材准备：无。

操作步骤 详见二维码视频。

8.3.5　客服互动区制作

客服服务是店铺中心形象与服务质量展示的平台之一，积极有效的客服服务能带给访客温馨的感觉，同时能达到促成订单交易的作用。

任务描述 制作客服互动区，效果如图 8-25 所示。

客服互动区制作

图 8-25　客服互动区

技能准备：文件基本操作、颜色填充、文字工具应用、矩形工具应用、多边形工具应用、置入对象、图层基本操作、组基本操作。

素材准备：无。

操作步骤 详见二维码视频。

8.3.6　导航区制作

导航区制作

店铺导航，是店铺"指南针"，能有效帮助访客快速切换至各关键页面，导航设计尽量精简，主次分明。

任务描述 制作如图 8-26 所示的图片式导航，帮助访客快速导航至各专题页面。

图 8-26　导航专区

技能准备：文件基本操作、颜色填充、置入对象、图层基本操作、组基本操作。

素材准备：热卖素材 .PSD、夏季新品素材 .PSD、防晒专辑素材 .PSD。

操作步骤 详见二维码视频。

8.3.7 创意陈列区制作

创意陈列，是综合融入视觉、道具、时尚文化等展示技巧，呈现产品最有价值、最有魅力的一面，以实现提升商品价值、提高品牌形象、营造品牌氛围与提高销售的目标。

创意陈列区制作

任务描述 制作"复古偏执者"模块，效果如图8-27所示。

图 8-27 复古偏执者

技能准备：文件基本操作、颜色填充、文字工具应用、直线工具应用、椭圆工具应用、置入对象、图层基本操作、组基本操作。

素材准备：产品图 1.PSD ～产品图 4.PSD。

操作步骤 详见二维码视频。

8.3.8 分类导航区制作

按照分类查找商品是访客常用思维方式和习惯，也是访客查找商品的重要入口，科学合理的分类导航设计能带来更多的成交。导航类型有隐形、半隐形与显性导航 3 种。从媒体形式看，又分文本标签型和图文结合型。分类导航通常出现在页头、页面主体、页尾等多个位置，以方便访客浏览。

分类导航区制作

任务描述 制作分类导航，效果如图 8-28 所示。

图 8-28 分类导航

技能准备：文件基本操作、置入文件、图层蒙版应用、文字工具应用、单列选框、描边、颜色填充、矩形选框、自定形状、图层基本操作、自由变换、组基本操作。

素材准备：多肉素材 1.JPG、多肉素材 2.JPG。

操作步骤 详见二维码视频。

8.3.9　矩阵陈列专区制作

矩阵式陈列是一种经典产品布局，能够最大限度地利用店铺空间。一般结构为主题+产品展示，为避免视觉疲劳，通常部分位置留白，如图8-29所示。

图8-29　矩阵式产品陈列

1. 星空之上产品陈列

(任务描述)　制作星空之上陈列模块，效果如图8-30所示。

星空之上产品陈列

图8-30　星空之上产品陈列

　　技能准备：文件基本操作、置入文件、椭圆工具应用、直线工具应用、文字工具应用、颜色填充、图层基本操作、自由变换、组基本操作。

　　素材准备：产品1素材.PSD～产品8素材.PSD。

(操作步骤)　详见二维码视频。

2. 人气新品陈列

任务描述 制作人气新品陈列模块，效果如图8-31所示。

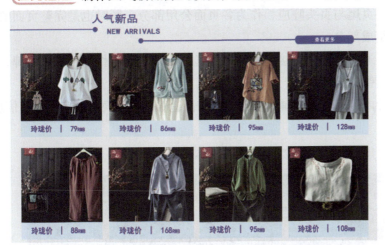

人气新品陈列

图8-31 人气新品陈列

技能准备： 文件基本操作、置入文件、文字工具应用、颜色填充、图层基本操作、对齐、组基本操作。

素材准备： 新品1素材.PSD～新品8素材.PSD。

操作步骤 详见二维码视频。

3. 进店必选产品陈列

任务描述 制作进店必选产品模块，效果如图8-32所示。

进店必选产品陈列

图8-32 进店必选产品陈列

技能准备： 文件基本操作、置入文件、文字工具应用、颜色填充、图层基本操作、对齐、组基本操作。

素材准备： 产品图1.PSD～产品图8.PSD。

操作步骤 详见二维码视频。

8.3.10 页尾制作

页尾制作

页尾，位于页面底端，是访客返回、转接至各页面的快捷通道。

页尾与页头呼应，作为各页面公用部分，同时也是完整页面的重要组成部分。

通常页尾超链接能够为店铺起到很好的分流作用，如子品牌、各子店铺的导流。

页尾常见信息设计内容有收藏店铺、服务时间、快递服务、退换货信息、店铺信息、分类导航、搜索等。

任务描述 制作页尾模块，效果如图8-33所示。

图8-33 页尾

操作步骤

步骤1：创建蓝紫色背景。

（1）新建文件。宽950像素，高150像素，背景透明。

（2）填充蓝紫色。设置前景色为蓝紫色（R85，G79，B157），填充背景。

（3）修改图层名称。设置新建图层名称为"蓝紫色背景"。

步骤2：创建双色四边形区。

（1）新建"浅紫色四边形"图层。创建新图层并设置名称为"浅紫色四边形"。

（2）绘制浅紫色矩形。设置前景色为浅紫色（R160，G153，B247），应用矩形工具绘制浅紫色矩形，如图8-34所示。

图8-34 浅紫色矩形

（3）斜切矩形。选中图层"浅紫色四边形"，执行"编辑→变换→斜切"命令，拖拽右上控点至如图8-35所示位置。

图8-35 斜切矩形

（4）创建橙色四边形。与本步骤（1）～（3）操作方法类似。新建图层并命名为"橙色四边形"，设置前景色为橙色（R250，G162，B47），应用矩形工具绘制橙色矩形。选中图层"橙色四边形"，执行"编辑→变换→斜切"命令，向右调整左上控点位置，效果如图8-36所示。

图8-36 橙色四边形

（5）绘制粉紫色矩形条。新建图层并命名为"粉紫色矩形条"，设置前景色为粉紫色（R213，G210，B253），应用矩形工具绘制粉紫色矩形，效果如图8-37所示。

图 8-37 粉紫色矩形条

（6）绘制收藏店铺标志。新建图层并命名为"收藏店铺标志"，设置前景色为白色，应用"自定形状工具"绘制"前进"图标，效果如图 8-38 所示。

图 8-38 收藏店铺标志

（7）绘制返回首页标志。与本步骤（6）操作方法类似。新建图层并命名为"返回首页标志"，设置前景色为蓝紫色（R85，G79，B157），应用"自定形状工具"绘制"向上"图标。

（8）输入文本并设置属性。输入横排文本信息"收藏店铺""返回首页""关注西缺原创""FAVORITES"，设置为黑体，字号 20 点、10 点，颜色为白色。

步骤 3：绘制白色单线。 新建图层并命名为"白色单线"。创建新图层，设置前景色为白色，应用直线工具绘制白色单线并调整至合适位置。

步骤 4：输入导航名称。 输入横排文本信息"首页|T恤|连衣裙|衬衫|外套|"（导航名称间均等空格），设置为黑体，字号 12 点，颜色为白色，完成最终效果。

步骤 5：编组并保存文件。 全选系列图层并编组，存储文件并设置文件类型。

8.4 项目上传

为确保各分模块视觉效果统一，通过复制组方式将各分模块图片合成。应用切片工具完成首页项目切片操作，在如图 8-39 所示的"切片选项"对话框中输入名称、URL 等信息；按 Alt+Shift+Ctrl+S 键，在"优化结果存储为"对话框中设置存储位置，设置文件名称 index，格式为 HTML 和图像，其余为默认设置。

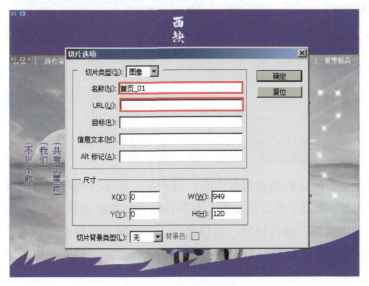

图 8-39 切片选项设置

店招、导航、海报切片效果如图 8-40 所示。

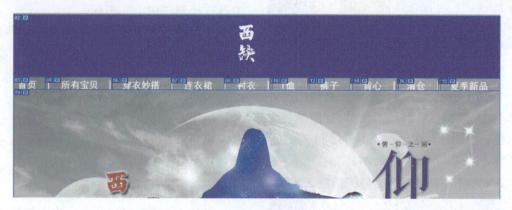

图 8-40　店招、导航、海报切片效果

在 DreamWeaverCS5 环境中打开 index.html，代码视图中编辑、复制相关代码后切换至淘宝店铺装修后台，将源码粘贴至目标窗口（如自定义招牌对话框、自定义模块）中，完成项目上传。

项目评价

网店首页策划设计评价，请参考表 8-2。

表 8-2　网店首页策划评价表

序号	评价内容	评分指标	评分分值	得分
1	内容设计	定位准确，具有系统性或逻辑性	30 分	
2	风格定位	风格鲜明，体现店铺个性与层次	20 分	
3	信息架构	科学严谨，设计独到，主线清晰	20 分	
4	产品陈列	整洁统一，实用美观，创意新颖	20 分	
5	整体效果	综合评价	10 分	
		合计	100 分	

项目小结

店铺首页是一个网店的信息集散中心，是产品、活动分类等信息的获取入口，店家通常在此推荐爆款、新品、专题活动等。本项目以西缺棉麻偏执者店铺首页为项目载体，从首页作用、常用模块、结构规划、风格定位、产品陈列等理论知识入手，让学生掌握网店首页策划的理论知识；通过首页各子模块的制作实施，培养并提升学生模块化实战的技能技巧。

改进训练

图 8-41、图 8-42 为西缺棉麻偏执者店铺 3 月店招区改进的前后效果图，请根据效果图完成以下工作任务：

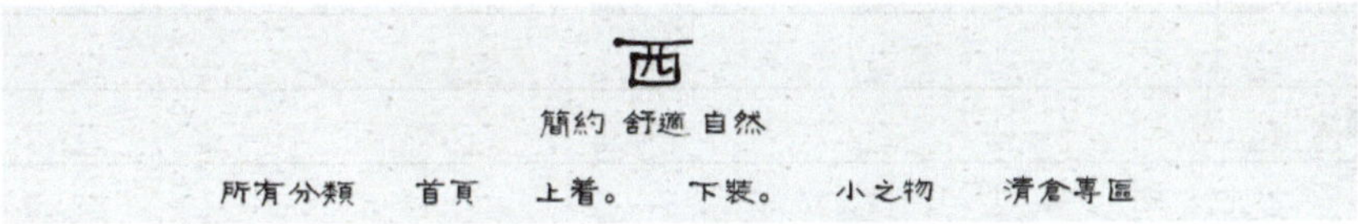

图 8-41　改进前效果图

图 8-42　改进后效果图

（1）背景替换与融合。删除背景图层，用深绿色（R48，G96，B73）填充。

（2）置入图片并设置图层混合模式。置入"柳树燕子.JPG"素材图片，并设置图层混合模式为正片叠底。

（3）文本信息优化。修改店名为"西缺"，并调整属性。

（4）导航区信息设置。在垂直高度 120 像素处，新建参考线。新建图层并在其上应用矩形工具绘制白色矩形。

（5）抠取燕子素材并自由变换。打开"燕子素材.PSD"，依次应用魔棒工具选取不同燕子对象至目标文件，并应用 Ctrl+T 快捷键自由变换对象至合适大小与角度，并移动对象至目标位置。

（6）整体优化。适当调整图层顺序，优化各元素大小位置等参数，完成最终效果图。

（7）保存并导出文件。

同步训练

小组合作完成佳钓尼官方旗舰店（https://jiadiaoni.tmall.com）首页分析，填写表 8-3，具体工作任务如下：

（1）活动信息记录。打开首页，记录平台、店铺的活动主题、活动时间、活动内容。

（2）页面风格定位。结合消费者群体喜好、年龄、消费行为等特征，分析页面内容设计、色彩搭配、字体设计、页面布局信息。

（3）首页功能模块记录。从页头至页面，记录首页各功能板块，截图并分析。

（4）产品陈列分析。从产品分类、排序、关联、组合、色彩、材质等维度分析产品陈列情况，重点分析热销产品、上新产品的设计情况，截图并分析。

（5）分享互动与交流。在学习平台上互动讨论，交流调研结果。

表8-3 首页调研分析

活动主题	
活动时间	
活动内容	
页面风格	
首页功能模块	
热销产品陈列	
新品上市陈列	
总结店铺首页设计注意事项	

拓展训练

请运用 SmartArt 工具绘制某鲜花店铺首页框架图,效果如图 8-43 所示。

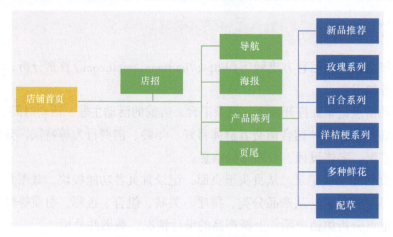

图 8-43 某花店店铺首页框架

具体工作任务如下：

（1）Word 环境中，新建 Word 空白文档。

（2）插入 SmartArt 图形。执行"插入→SmartArt"选项命令，在"插入 SmartArt 图形"对话框中选择"水平组织结构图"。

（3）输入文本。输入各级文本信息，并设置字体字号。

（4）设置主题样式。"更改颜色"下拉列表中设置主题颜色"彩色→个性色 5 至 6"。

（5）设置形状填充。选中对象，执行"格式→形状填充"，主色颜色选项中设置"金色，个性色 4，淡色 80%"。

（6）文件保存。文件名称命名为"姓名+花店首页框架"，并提交至学习平台指定位置。

理论测试

一、填空题

1. 网店本质是网站，通常由_____、_____、_____等构成，每个页面包含页头、页面主体与页尾。

2. 首页与详情页面是基础页面，首页是_____的基础，详情页是_____的基础，各分级页面是各页面间的桥梁枢纽。

3. 首页页头通常包括_____、_____。页面主体由（轮播）海报、分类区、导航区、客服区、自定义产品陈列区等模块构成。

4. 分类导航通常以各种形式呈现于店铺首页各位置，有_____、_____、_____等。

5. 页尾通常由_____、_____等组成。

二、判断题

1. 在 Photoshop 环境中，如想在现有选区上增加新选区，应按 Ctrl 键。（   ）

2. 在 Photoshop 环境中，使某图层与其下面的图层合并可按 Ctrl+E 快捷键。（   ）

3. 在 Photoshop 环境下，路径曲线线段上的方向线和方向点位置决定了曲线段的形状。（   ）

4. 色阶对话框中，选择灰色吸管单击图像区域，结果会使图像变暗。（   ）

5. 文字图层栅格化后不能进行修改和编辑。（   ）

6. 店招是店铺的门楣，位于店铺各级页面最顶部位置，核心信息为企业或店铺名称、宣传语、收藏店铺、优惠券、促销产品等。（   ）

7. 优惠券是最常见的优惠活动呈现方式，常见信息内容为活动产品信息、优惠价格信息、优惠活动说明、使用限制等。（   ）

8. 创意陈列是以特写方式呈现主推或高端产品。（   ）

9. 信息结构是指构成页面主体要素的框架布局。（   ）

10. 导航类型有隐形、半隐形与显性导航 3 种。（   ）

项目 9

移动端页面策划与制作

9.1 项目基础

9.2 首页策划与制作

9.3 产品详情页策划与制作

【项目描述】

某母婴专营店主要运营母婴产品，包括纸尿裤、纸尿片、学步裤、奶瓶/水杯、哺宝配件等。随着移动端消费大升级，公司策划与运营部门将运营战略重点调整至移动端，两部门重点分析了消费用户行为、页面构成、逻辑结构等，并完成了分模块制作。通过本项目学习，要求学生熟悉移动端店铺首页、产品详情页的有关理论知识，能够进行移动端店铺页面策划与制作，并熟练掌握实战技能技巧。

知识目标：
◎ 熟悉移动端首页的功能、构成、作用。
◎ 了解移动端产品详情页的构成、策划原则、逻辑结构。

技能目标：
◎ 能够解读工作任务，并制订工作任务实施方案。
◎ 能够根据策划方案采集素材、编辑素材、创作素材，完成移动端首页与详情页面制作与实施。

素养目标：
◎ 通过移动端页面策划任务实施，提升学生的信息素养、美学素养，增强创新创业意识。
◎ 通过移动端页面制作任务实施，培养学生精益求精的工作态度、笃行务实的工作作风。

9.1 项目基础

随着通信网络的升级、智能终端的普及、移动支付体系的完善，移动端交易已然成为主流。移动端阅读方式、用户心态与 PC 端所存在的差异，催生了竖屏思维、碎片化阅读等移动视觉新领域。竖屏思维是指纵向阅读方式，在信息分布结构上呈现纵向布局。碎片化阅读，首先意味着用户的屏幕停留时间缩短，屏幕切换频率加快，要求每屏信息呈现焦点单一、层次清晰；其次，碎片化阅读意味着阅读深度的浅化，前三屏成了视觉营销、信息传达的重要区域，主图成了产品视觉的重点区域。随着新习惯、新思维的融入，移动端店铺页面结构风格、版式构图、文案设计法则、品牌调性传递都有了新调整，以吸引更多的流量，有效提升转化率。

1. 与 PC 端风格统一，传递品牌调性

品牌调性是指对视觉元素的整体规划，以形成一定的风格，涉及产品拍摄、字体设计、版式布局、色彩搭配等视觉元素的组合调配，体现店铺定位与主营产品，应与 PC 端相同。

2. 优化首页结构，快速、有效地传达信息

精简优化移动端首页，模块数量控制在 5～7 屏内为合适。页面结构清晰、首尾呼应，功能模块清楚，信息层次分明，信息表达简洁，色彩统一协调，视觉焦点突出，不同位置类目导航方便访客操作，能快速、有效地传达信息。

3. 做优产品详情，提高点击率与转化率

结合移动端特点、流量特征，重点优化布局排版、内容策划等移动端的视觉呈现。产品详情逻辑清晰，版式简约有创意，产品图主体清晰，卖点提炼准确到位，每屏焦点突显、画面色彩亮丽、动感十足，能博取客户眼球。

9.2 首页策划与制作

9.2.1 策划设计

移动端首页是进店客户首先到访的高频页面,访客通过首页可以快速了解店铺总体框架、特色产品与服务、热点优惠活动等关键信息;首页是店铺重要的框纽页面,承担着海量流量落地的关键作用,通过有效引导访客至对应目标页上,实现流量的多级利用,延展促销展示空间,提高后续的转化率;首页通过 LOGO 等品牌信息标志化呈现,能够有效传递品牌价值。

1. 移动店铺基本组件确定

手机店铺装修相对简单,有 3 类常用组件:产品陈列类、图文展示类和营销互动类。应用各组件进行首页装修,非常适合新手新店。3 类组件基本信息如表 9-1 所示。

表 9-1 移动店铺基本组件信息

组件大类	组件细分	组件使用
产品陈列类	智能单列、智能双列、宝贝排行榜、猜你喜欢、视频合集等	常用于陈列热销爆款宝贝、分类导引、宝贝归类
图文展示类	美颜切图、视频模块、动图模块、定向模块、轮播图模块、智能海报、双列图片模块、单列图片模块、新老顾客模块、左文右图模块、标签图、多图模块、文本模块、标题模块、辅助线模块、自定义模块等	用于添加焦点轮播图、互动视频、宝贝展示等,是使用频率最高的模块
营销互动类	优惠券模块、搭配套餐模块、淘宝群、会员卡模块、倒计时模块、电话模块、店铺后花园等	用于营销活动开展、优惠券与红包发放、渲染店铺气氛

2. 逻辑结构设置

移动端首页常见模块有活动区、导航区、橱窗区、产品陈列区等。常见的导航分类有产品分类式、用户分类式、材质分类式等;常见的活动区内容有价格促销、产品促销、品牌促销等;常见的橱窗区有创意产品陈列、上新品、主推品等;常见的产品陈列区有矩阵陈列、单品陈列等。

通过首页各模块的组合排列,可以形成个性化的首页逻辑结构,图 9-1 是一款常见的首页逻辑结构。图中模块一轮播区兼有活动区、橱窗区功能;模块二优惠券区呈现价格活动内容;模块三分类导航区起到页面产品的分类导航功能;模块四、五、六属于产品陈列区。

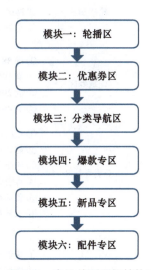

图 9-1 常见首页逻辑结构

3. 策划原则确定

首页框架、分类导航、产品陈列、活动导购等页面效果在很大程度上影响着访问深度,首页策划设计原则如表 9-2 所示。

表 9-2　首页策划设计原则

设计原则	基本内容
框架设计合理，页面常换常新	框架设计科学合理，能吸引到新老客户，经常随活动、季节等变换页面，页面色彩搭配、文案设计吸引眼球、深入人心
导航设计清晰，逻辑功能性强	导航即信息导引，考虑位置、数量、分类等设计；可按类目、材质、季节、用途等设定，可置于首屏海报下方、页面主体多处位置
产品陈列有创意，品质有规范	创意或分类展示、高访客量（UV）搭配热销产品，配合造型、色彩，以屏为单位考虑，不同屏之间考虑有视觉差异
活动导购设计，突显爆款	首页促销导购活动于两屏内呈现完毕，依托广告图进行有效引导，或爆款单品图文，从而提升转化价值

4. 详细策划案例展示

首页首屏由活动海报、优惠活动（含优惠券）、分类导航等构成。活动海报包含时令 + 品牌 + 目标用户三个方面信息，规划优质首屏是减少跳失率的关键因素。

下面以某母婴专营店移动端店铺活动为背景，进行首页模块规划设计，如表 9-3 所示。

表 9-3　移动端首页规划

序号	模块名称	关键信息	文案设计
1	轮播图一	送礼	健康爱，放心爱，好礼送不停
	轮播图二	① 玻璃奶瓶 ② 宽口径 ③ 防摔	宽口径婴儿防摔奶瓶 玻璃奶瓶，母乳实感 价格；立即抢购（暗示性）
	轮播图三	① 宽口径奶瓶 ② 防胀气 ③ 易清洗	摔不坏的奶瓶 美国宽口径 200ML 母乳实感，防胀气，易清洗 价格；立即抢购（暗示性）
2	优惠券区	① 满 88 元优惠 5 元 ② 满 198 元优惠 10 元 ③ 满 298 元优惠 20 元 ④ 满 498 元优惠 50 元	① 5 元，满 88 元使用，立即领取 ② 10 元，满 198 元使用，立即领取 ③ 20 元，满 298 元使用，立即领取 ④ 50 元，满 498 元使用，立即领取
3	分类导航区	① 纸尿片专区 ② 妈咪专区 ③ 奶瓶专区 ④ 可啦裤专区 ⑤ 餐具专区 ⑥ 水杯专区	标题：店铺产品分类 副标题：妈咪宝贝，总有最爱 分类标题：中文 + 英文
4	爆款专区	① 撞色卡通系列 ② 医用不锈钢内胆系列 ③ 易握卡通系列 ④ PP 奶瓶洗额 + 送奶嘴	标题：爆款专区 副标题：宝宝挚爱，舒适之旅 ① 缤纷色彩 ② 医用级不锈钢内胆，食品级 PP+ 硅胶，一杯两种携带法 ③ 易握奶瓶，宽口径 / 抗摔 ④ PP 奶瓶，宽口径 / 抗摔，送奶嘴

（续）

序号	模块名称	关键信息	文案设计
5	新品专区	① 奶瓶刷大小两件 ② 易握 ③ 收腰 PPSU 防胀气奶瓶 ④ 婴儿牙刷	标题：新品专区 副标题：宝宝新品，天天上新 ① 360度清洗，密实耐用，配套齐全，环保材质，奶瓶刷组合 2 件套 ② 安全防胀气，包邮疯抢，0% BPA/ 不含双酚 A ③ 医学材质安全静音，新生婴儿专用，宝宝第一支 PPSU 防胀气奶瓶 ④ 关注宝宝口腔健康
6	配件专区	① 奶嘴 ② 奶瓶刷 ③ 奶瓶夹 ④ 吸取器	标题：配件专区 副标题：实用配件，经济实惠 ①②③暂未定文案 ④清晰的刻度，保证吸取的容量

9.2.2 制作实施

实施流程：采集素材→素材编辑创作→模块图制作→发布浏览。

配色建议：根据目标用户群年龄特征、活动主题确定主色调，然后根据配色法则确定辅助色。

构图建议：根据图片表达主题、素材，运用经典构图法则进行图片视觉元素布局。

尺寸说明：移动端页面宽度建议 750 像素，范围 480～1500 像素。高度为 0～2500 像素，轮播图高度建议 200～950 像素。其他区域图高度不限定，建议不超过 1920 像素。

文件大小：10M 以内。

本项目整体页面参数，分辨率 72 像素 / 英寸，宽度 640 像素，高度根据模块内容自定义，颜色模式 RGB。

1. 轮播区制作

任务描述 轮播区设置三张轮播图，轮播图一效果如图 9-2 所示，轮播图二效果如图 9-3 所示，轮播图三效果如图 9-4 所示。

轮播图一：

技能准备：文件基本操作、置入文件、画笔工具应用、文字工具应用、剪贴蒙版应用、椭圆工具应用、钢笔工具应用、自由变换、图层基本操作、颜色填充、组基本操作。

素材准备：宝宝 .PSD、黄色奶瓶素材 1.PSD、黄色奶瓶素材 2.PSD、粉红色奶瓶 .PSD、黄色奶瓶 .PSD、奶嘴素材 .PSD、聪明宝宝训练水杯 .PSD、汉仪菱心体简 .TTF。

轮播图二：

技能准备：文件基本操作、置入文件、文字工具应用、图层基本操作、颜色填充、图层样式设置、圆角矩形工具应用、组基本操作。

素材准备：白色不规则图形 .PSD、洋宝宝模特 .PSD、蓝色奶瓶 .PSD、百度综艺简体 .TTF。

轮播图三：

技能准备：文件基本操作、置入文件、文字工具应用、图层基本操作、颜色填充、图层样式设置、圆角矩形工具应用、自定形状工具应用、组基本操作。

素材准备： 白色不规则图形 .PSD、宝宝图 .PSD、奶瓶图 .PSD、百度综艺简体 .TTF。

操作步骤 详见二维码视频。

轮播图一

图 9-2　轮播图一

轮播图二

图 9-3　轮播图二

轮播图三

图 9-4　轮播图三

2. 优惠券专区制作

任务描述 制作优惠券专区，效果如图 9-5 所示。

优惠券专区

图 9-5　优惠券专区

技能准备： 文件基本操作、置入文件、文字工具应用、图层基本操作、颜色填充、直线工具应用、矩形工具应用、组基本操作。

素材准备： 优惠券红色背景 .PSD、汉仪菱心体简 .TTF。

操作步骤 详见二维码视频。

3. 分类导航专区制作

任务描述 制作分类导航专区，效果如图 9-6 所示。

图 9-6　分类导航专区

技能准备：文件基本操作、置入文件、文字工具应用、图层基本操作、颜色填充、自由变换、矩形工具应用、矩形选框工具应用、描边、图层蒙版应用、组基本操作。

素材准备：小天使 .PSD。

操作步骤 详见二维码视频。

4. 爆款专区制作

任务描述 制作爆款专区，效果如图 9-7 所示。

图 9-7　爆款专区

技能准备：文件基本操作、置入文件、文字工具应用、图层基本操作、颜色填充、自由变换、矩形工具应用、矩形选框工具应用、描边、图层蒙版应用、组基本操作。

素材准备：小天使 1.PSD、产品图素材 1.PSD ～产品图素材 4.PSD。

操作步骤 详见二维码视频。

5. 新品专区制作

任务描述 制作新品专区，效果如图 9-8 所示。

新品专区

图 9-8　新品专区

技能准备： 文件基本操作、置入文件、文字工具应用、图层基本操作、颜色填充、自由变换、矩形工具应用、矩形选框工具应用、描边、图层蒙版应用、组基本操作。

素材准备： 小天使 2.PSD、新品推荐 1.PSD～新品推荐 4.PSD。

操作步骤　详见二维码视频。

6. 配件专区制作

任务描述　制作配件专区，效果如图 9-9 所示。

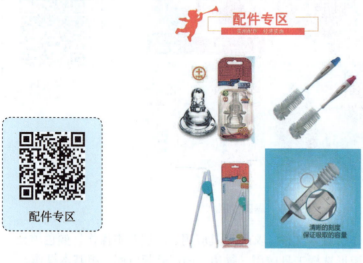

配件专区

图 9-9　配件专区

技能准备： 文件基本操作、置入文件、文字工具应用、图层基本操作、颜色填充、自由变换、矩形工具应用、矩形选框工具应用、描边、图层蒙版应用、组基本操作。

素材准备： 奶嘴.PSD、奶嘴刷.PSD、喂药器.PSD、训练筷.PSD。

操作步骤　详见二维码视频。

9.3 产品详情页策划与制作

移动端产品详情页由三大区块构成：主图区、常规参数区、自定义详情区（下拉详情区）。主图区由 1 个短视频和 5 张静态主图组成。每张静态主图设计各有侧重，其中首图为重点图，搜索默认第 1 张，天猫展示 90% 优选显示第 2 张，背景干净白底图；3～5 张主图呈现包装、颜色、材质、安装、使用、资质等信息。首张主图前为主图短视频，即动态产品详情，是产品详情的精简版，浓缩了产品品牌与品质、整体与局部、材质与外观等动态信息，方便客户快速掌握产品详细信息，不用下拉详情即可决定是否下单，节约客户成本，产品详情页示例如图 9-10 所示。

图 9-10 产品详情页示例

> **职场小贴士：主图短视频规范**
>
> 主图短视频应突出商品核心卖点，同一视频支持同时投放商品详情／微详情。主图短视频封面及视频比例 3:4，画面上下不留黑，建议尺寸 750×1000 像素及以上，时长建议 5～60 秒，公域优先抓取 30 秒左右视频，视频大小 20～200M。当上传 3:4 视频及图片后，商品详情页优先展示。禁止添加水印、优惠等商品外的其他信息，如违反平台产品发布规定，给予产品下架、搜索降权处理。

9.3.1 策划设计

1. 详情页逻辑结构制定

产品详情是订单交易成功与否的关键影响因素，其内容描述包含商品展示、实力展示、吸引购买、促销说明、交易说明、关联营销等。综合店铺运营状况、季节活动、产

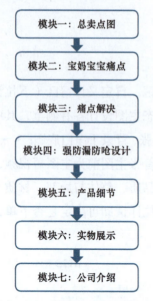

图 9-11　详情页逻辑结构案例

品特征等情况对模块进行自由搭配与位置排列，各模块内容如下：

（1）商品展示：卖点、效果、整体、细节、外观、色彩、搭配、包装。

（2）实力展示：品牌、荣誉、销量、资质、生产、仓储。

（3）吸引购买：卖点打动、情感打动、买家评价、热销盛况。

（4）促销说明：热销商品、搭配商品、促销活动、优惠方式。

（5）交易说明：购买、付款、收货、验货、退换货、保修。

（6）关联营销：关联活动、关联单品。

图 9-11 为哺宝母婴专营店一款多功能训练杯详情逻辑框架结构案例。模块一～模块四为吸引购买模块，通过总卖点图全面展示产品优势。其中，宝妈宝宝痛点图以差异化方式刺激消费者痛点，为后续流量转化做好铺垫。模块五～模块六为商品展示模块，通过产品细节、实物展示等向访客全方位介绍产品情况。模块七为实力展示模块，打消消费者疑虑，增添品牌信任，实现流量转化。

2. 详情页规划原则确定

根据综合移动端的设备特征、页面流量、消费行为等因素分析，移动端详情页屏数通常控制在 5～7 屏，而前 5 屏转化率最高，因此产品详情页规划设计关键是 5 主图+5 主屏。常见主图规划示例如图 9-12 所示，产品详情页规划原则如表 9-4 所示。

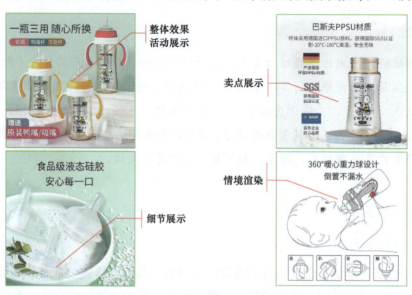

图 9-12　主图规划示例

表 9-4　产品详情页规划原则

充分提取卖点	产品分析是卖点提取基础，根据 FAB 法则，从产品 + 竞品 + 客户 3 个维度充分挖掘提炼产品卖点
主图区规划	主图区构成：1 短视频 +5 主图，从卖点突显、情景渲染、细节展示等原则规划主图，以提高点击率与转化率
下拉详情规划	下拉详情，是对视频、主图信息的补充说明，从商品展示、实力展示、吸引购买、促销说明、交易说明、关联营销等方面进行系统规划设计

3. 详细策划案例展示

以哺宝母婴专营店多功能吸管训练杯产品上新为例，通过深入挖掘产品卖点、分析竞品卖点、分析目标客户需求，并联合运营部门与视觉部门进行头脑风暴式思考与讨论，提炼产品卖点如表 9-5 所示。

表 9-5　产品卖点

产品特征	材质：进口 PP 优质材质、绝不释放 BPA、食品级硅胶吸管 安全：超强防漏防呛设计、防爆防胀气、保护口腔、耐咬耐折、防滑易握 色彩：多种色彩，颜色亮丽、增进视觉刺激 体验：母乳实感、圆润柔软、锻炼宝宝协调性、提高宝宝脑力发育
应用场景	外出携带方便、宝宝抓得住、宝宝喝水不呛、宝宝补水神器
促销与服务	假 1 赔 8 礼品清单：吸管刷、奶嘴刷、奶瓶刷、奶瓶夹、吸管通气针、奶嘴 2 个、通气针…… 全国包邮
……	……

表 9-6 为哺宝母婴专营店多功能吸管训练杯产品详情页策划方案。

表 9-6　详情页策划方案

序号	模块	卖点	文案设计
1	总卖点图	① 进口 PP 优质材质 ② 绝不释放 BPA ③ 更关注孩子健康	① 多功能吸管训练杯 ② 就是这么任性，要做就做最好！
2	用户痛点	宝妈为宝宝选择健康的奶瓶而烦恼	您还在为宝宝选择一款怎样的奶瓶而烦恼吗？我们来帮助您解决问题！
3	痛点解决	① 夏日易出汗，需要及时补水 ② 四种颜色	① 炎炎夏日，宝宝更需要补水 ② 夏日宝宝容易出汗，用心妈妈要及时给宝宝补水哦！ ③ 无论男女宝宝总有一款适合您！ ④ 四色选择
4	功能设计	① 不漏 ② 不呛 ③ 倒置水杯不漏	① 我们的水杯超强防漏防呛设计 ② 方便外出携带不溢漏 ③ 阀门打开也不会漏

（续）

序号	模块	卖点	文案设计
5	产品参数	① 品牌 ② 品名 ③ 材料成分 ④ 容量 ⑤ 产品适用年龄 ⑥ 保质期 ⑦ 款式 ⑧ 型号 ⑨ 条形码	① 产品信息 ② 产品各参数
6	产品细节——吸管细节（外视图）	食品级硅胶吸管	① 与宝宝亲密接触的，当然要用安全健康的材质 ② 只为宝宝的身体健康
6	产品细节——吸管（内视图）	吸管柔软富有弹性	① 吸管柔软富有弹性 ② 呵护宝宝娇嫩的口腔
6	产品细节——握把细节（整体展示）	① 进口原料 ② 防滑	① 进口原料制成 ② 防滑易握手柄 ③ 锻炼宝宝双手协调性 ④ 提高宝宝脑力发育
6	产品细节——手柄细节（材质展示）	① 双色 ② 包胶	① 双色包胶手柄 ② 外形更加美观，更提升水杯档次，宝宝更加喜爱
6	刻度细节	清晰刻度	① 清晰刻度 ② 6～12 月以上宝宝，饮水量每天每公斤 120～160 毫升 ③ 1～3 岁宝宝饮水量，每天每公斤 100～140 毫升 ④ 可根据宝宝不同体质适当调整
6	瓶底细节	① 进口原料 ② 不漏，闭合度好	① 瓶身底部，进口原料制成 ② 为方便外出而设计 ③ 不漏杯盖，封液透气 ④ 杯盖完全闭合后，杯内液体不漏不洒
7	实物展示——产品特点	① 闭合滑盖 ② 易握手柄 ③ PP 材质 ④ 柔软吸管 ⑤ 多种色彩	① 闭合滑盖（防止漏水） ② 易握手柄（防滑舒适，锻炼手臂精细动作） ③ PP 材质（进口材料，耐高温不含双酚 A） ④ 柔软吸管（温润柔软保护口腔，耐咬耐折） ⑤ 多种色彩（增进视觉刺激，促进眼和脑发育）
7	实物展示——多色展示	多色	多色展示（橙色，蓝色，绿色，紫色）

9.3.2 制作实施

实施流程：采集素材→素材编辑创作→模块图制作→发布浏览。

配色建议：根据产品、目标用户群年龄特征、活动主题确定主色调，然后根据配色法则确定辅助色。

构图建议：根据图片表达主题、素材，运用经典构图法则进行图片视觉元素的布局。

尺寸说明：移动端页面宽度建议 750 像素，范围 480～1500 像素。高度为 0～2500 像素，建议不超过 1920 像素。

文件大小：10M 以内。

本项目整体页面参数，分辨率 72 像素/英寸，宽度 640 像素，高度根据模块内容自定义，颜色模式 RGB。

> **素养小贴士：** 爱岗敬业，刻苦钻研
>
> 　　综合职业素养提升是一个不断积累与沉淀的过程，相信坚持不断努力一定能够进步。平时多读各类好书，沉淀文学素养，赋予作品更强大的灵魂与生命力；培养刻苦钻研精神，不断提升业务能力；树立竭诚服务意识，尽可能满足客户要求；对待工作精益求精，尽最大努力争取实现最优成果；不断总结经验、改进方法，提高业务水平。

1. 总卖点图制作

任务描述 制作总卖点图，效果如图 9-13 所示。

总卖点图

图 9-13　总卖点图

技能准备： 文件基本操作、置入文件、文字工具应用、颜色填充、图层基本操作、画笔工具应用、橡皮擦工具应用、椭圆工具应用、圆角矩形工具应用、钢笔工具应用、组基本操作。

素材准备： 紫色杯子 .PSD、橙色杯子 .PSD。

操作步骤 详见二维码视频。

2. 用户痛点图制作

任务描述 提出用户痛点，效果如图 9-14 所示。

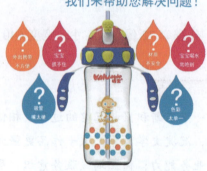

图 9-14 用户痛点

技能准备： 文件基本操作、置入文件、文字工具应用、图层基本操作、组基本操作。
素材准备： 蓝色杯子 .PSD、橙色水滴素材 .PSD、蓝色水滴素材 .PSD、玫红色水滴素材 .PSD。

操作步骤 详见二维码视频。

3. 痛点解决图制作

任务描述 展现痛点解决方案，效果如图 9-15 所示。

图 9-15 痛点解决

技能准备： 文件基本操作、置入文件、文字工具应用、图层基本操作、组基本操作。
素材准备： 水滴素材 .PSD、紫色杯子 .PSD、橙色杯子 .PSD、绿色杯子 .PSD、蓝色杯子 .PSD。

操作步骤 详见二维码视频。

4. 功能设计图制作

任务描述 展现防漏防呛功能设计，效果如图 9-16 所示。

功能设计

图 9-16 超强防漏防呛设计

技能准备： 文件基本操作、置入文件、文字工具应用、图层基本操作、钢笔工具应用、图层样式、渐变、颜色填充、图层蒙版应用、椭圆工具应用、组基本操作。

素材准备： 瓶盖吸管细节素材 .PSD、蓝色箭头 .PSD、小卡通 .PSD。

操作步骤 详见二维码视频。

5．产品参数图制作

任务描述 展示产品参数，效果如图 9-17 所示。

产品参数

图 9-17 产品参数

技能准备： 文件基本操作、置入文件、画笔工具应用、文字工具应用、图层基本操作、颜色填充、钢笔工具应用、翻转、图层样式设置、自由变换、组基本操作。

素材准备： 橙色杯子 .PSD、蓝色杯子 .PSD、绿色杯子 .PSD、紫色杯子 .PSD。

操作步骤 详见二维码视频。

6．产品细节图制作

产品细节构成：吸管、握把、瓶身底部。

（1）吸管细节。

任务描述 展现吸管细节（外视图），效果如图 9-18 所示。

图 9-18　吸管细节外视图

技能准备：文件基本操作、置入文件、文字工具应用、图层基本操作、多边形工具应用、图层样式设置、自由变换、组基本操作。

素材准备：吸管素材 1.PSD、吸管素材 2.PSD。

操作步骤 详见二维码视频。

任务描述 展现吸管细节（内视图），效果如图 9-19 所示。

图 9-19　吸管细节内视图

技能准备：文件基本操作、置入文件、文字工具应用、图层基本操作、组基本操作。
素材准备：食品级硅胶吸管素材 .PSD。

操作步骤 详见二维码视频。

（2）握把细节。

任务描述 展现握把细节（整体展示），效果如图 9-20 所示。

图 9-20　握把细节整体展示

技能准备：文件基本操作、置入文件、文字工具应用、图层基本操作、颜色填充、图层样式设置、多边形工具应用、组基本操作。

素材准备：握把素材 1.PSD、握把素材 2.PSD。

操作步骤　详见二维码视频。

任务描述　展现手柄细节（材质展示），效果如图 9-21 所示。

手柄细节

图 9-21　双色包胶手柄细节

技能准备：文件基本操作、置入文件、文字工具应用、图层基本操作、颜色填充、组基本操作。

素材准备：双色包胶手柄细节 1.PSD、双色包胶手柄细节 2.PSD。

操作步骤　详见二维码视频。

（3）刻度细节。

任务描述　展现刻度细节，效果如图 9-22 所示。

刻度细节

图 9-22　刻度细节

技能准备：文件基本操作、置入文件、文字工具应用、图层基本操作、颜色填充、组基本操作。

素材准备：清晰刻度素材 .PSD。

操作步骤　详见二维码视频。

（4）瓶底细节。

任务描述　展现瓶底细节，效果如图 9-23 所示。

瓶底细节

图 9-23　瓶底细节

技能准备： 文件基本操作、置入文件、文字工具应用、图层基本操作、颜色填充、组基本操作。

素材准备： 瓶身底部素材 .PSD。

操作步骤 详见二维码视频。

7. 实物图展示

（1）产品特点。

任务描述 展现产品特点，效果如图 9-24 所示。

产品特点

图 9-24　产品特点

技能准备： 文件基本操作、置入文件、文字工具应用、图层基本操作、圆角矩形工具应用、椭圆工具应用、直线工具应用、颜色填充、组基本操作。

素材准备： 橙色杯子 .PSD。

操作步骤 详见二维码视频。

（2）多色展示。

任务描述 产品多色展示，效果如图9-25所示。

多色展示

图9-25 多色展示

技能准备：文件基本操作、置入文件、文字工具应用、图层基本操作、颜色填充、自由变换、圆角矩形工具应用、组基本操作。

素材准备：橙色杯子.PSD、蓝色杯子.PSD、绿色杯子.PSD、紫色杯子.PSD。

操作步骤 详见二维码视频。

9.3.3 发布浏览

详情可参考项目7的"7.4 项目上传"，这里不再叙述。

项目评价

移动端店铺首页、产品详情页策划设计评价，请参考表9-7、表9-8。

表9-7 移动端店铺首页策划设计评价表

序号	评价内容	评价指标	评分分值	得分
1	主题设计	主题鲜明，各视觉要素与主题相符	25分	
2	框架设计	结构科学，布局合理，条理清晰	25分	
3	导航设计	分类清晰，指示明确，形象直观	20分	
4	产品陈列	整齐统一，陈列规范，美观协调	20分	
5	整体效果	页面风格统一，有创意，可适当加分	10分	
		合计	100分	

表 9-8　移动端产品详情页策划设计评价表

序号	评价内容	评价指标	评分分值	得分
1	卖点提取	卖点挖掘全面、充分	30 分	
2	主图设计	主题突出，主体优先，场景冲击力强	30 分	
3	下拉详情设计	层次清晰，内容精练，满足需求	30 分	
4	整体效果	综合评价	10 分	
		合计	100 分	

项目小结

提升移动端店铺流量与转化率是当前大多数卖家运营战略的重点，也是移动互联时代网店运营的趋势与潮流。本项目以母婴产品为项目载体，从移动端首页策划、主图详情策划等基础知识入手，让学生掌握移动端店铺设计的相关理论知识；通过移动端首页与详情页制作任务实施，培养与提升学生模块化实战工作技能。

改进训练

海棉宝宝专营店是一家销售纯棉童装的网店，请将 LOGO 进行改进优化，改进前后 LOGO 如图 9-27 所示，具体工作任务如下：

（1）新建文件。新建文件宽和高均设为 80 像素，背景为透明。

（2）背景填充。设置前景色为浅蓝色（R180，G243，B246），使用 Alt+Delete 快捷键填充。

（3）抠取棉花。应用合适抠图工具创建棉花选区，单击图层面板中"添加图层蒙版"选项。

（4）自由变换棉花对象。应用 Ctrl+T 快捷键调整棉花大小、位置与角度。

（5）输入店铺名称。应用横排文字工具输入"海棉宝宝"，并设置合适的字体、字号。

（6）整体优化。调整优化各元素大小、位置等参数，完成最终效果。

图 9-27　改进前后 LOGO

同步训练

选取 3～5 个移动端母婴产品店铺，小组合作完成移动端母婴产品系列主图与短视频采集调研与分析，并完成调研分析报告。具体工作任务如下：

（1）记录店铺信息。记录店铺名称、粉丝数、运营产品、客户群等店铺初始信息。

（2）静态主图信息采集与分析。采集系列主图并划出每张主图核心卖点、各系列主图间关系，以表格形式列出产品卖点、买家痛点。

（3）主图短视频采集与分析。录制主图短视频，分析场景内容，包括文案、音乐、场景等，并提取视频呈现的卖点。

（4）调研 PPT 制作。根据主题信息选取合适的模板文件。封面信息包括主题、团队名称、姓名；第二页为目录信息；核心页为系列主图、短视频及分析文本；尾页为感谢信息。

（5）交流与分享。组间分享调研信息，并进行个人评分、组间打分、教师打分。

主图调研评价，请参考表 9-9。

表 9-9 主图调研评价表

序号	评价内容	评价指标	评分分值	得分
1	店铺信息记录	清楚完整，无漏填乱填现象	10 分	
2	静态主图分析	明晰产品卖点，买家痛点	25 分	
3	主图短视频分析	围绕内容，时长，音乐风格	25 分	
4	PPT 设计制作	界面美观，条理清晰，内容充实	20 分	
5	分享与互动	声音响亮，互动形式多样	10 分	
6	整体效果	综合评价	10 分	
		合计	100 分	

拓展训练

请为佳钓尼旗舰店移动端首页设计制作分类导航，具体工作任务如下：

（1）导航数据采集。收集 8 家钓具渔具系列店铺信息，调研分析其导航位置、数量、分类等设计，做好相关记录。

（2）导航数据分析。根据搜集的分类信息，分析导航分类的不同依据。可以从产品分类、材质、用户等不同维度来考虑，并描述你认为最佳的分类方案。

（3）导航制作。根据前述步骤（2）的分类方案，为佳钓尼旗舰店移动端首页制作分类导航，尺寸为 750×200 像素，要求分类清晰，方便用户浏览。

（4）文件保存导出。要求保存 PSD 格式，导出 JPG 格式、PNG 格式。

将文件名称命名为"姓名 + 主题"，并提交至学习平台指定位置。

理论测试

一、填空题

1. 主图常见表达方法有____、____、____等。

2. ____模块置于第一屏店招下方，可添加 2～4 张图片轮播展示店铺核心活动或产品。

3. ____、____、____是手机淘宝装修组件类型。

4. ____是最为自由灵活好用的店铺装修模块，最多可添加 10 个模块。

5. ____模块用于添加互动视频，仅支持时长不超过 120 秒的视频。

二、判断题

1. 移动端详情设计关键是 5 主图 +10 主屏。（　　）

2. 移动端首页常见活动区内容有价格促销、产品促销、品牌促销等。（　　）

3. 移动端主图作用为点击率与转化率。（　　）

4. 移动端首页常见模块有活动区、导航区、橱窗区、产品陈列区等。（　　）

5. 移动端首页装修的目的是留住流量、转化流量。（　　）

参 考 文 献

[1] 张翔，徐赛华. 视觉营销 [M]. 北京：电子工业出版社，2019.

[2] 曹培强，江玉珍，王红蕾，等. 手机网店美工实操 [M]. 北京：电子工业出版社，2019.

[3] 阿里巴巴商学院. 网店美工 [M]. 2 版. 北京：电子工业出版社，2019.

[4] 杨毅玲，罗晓彬. 网店美工 [M]. 北京：电子工业出版社，2017.

[5] 王楠. 网店美工宝典 [M]. 3 版. 北京：电子工业出版社，2016.

[6] 罗庚，王红蕾，谷鹏，等. 淘宝天猫网店美工实战 [M]. 北京：机械工业出版社，2018.